Hildegard Hamm-Brücher
Wider die Selbstgerechtigkeit

Serie Piper
Band 845

Zu diesem Buch

Die Einheit Deutschlands ist vollendet, der Prozeß der Überwindung der Teilung ist noch in vollem Gang, und er läuft nicht gut. Dies jedenfalls ist die Meinung von Hildegard Hamm-Brücher – und sie hat dafür gute Gründe, die sie in diesem Buch erläutert.

Hildegard Hamm-Brücher zählt zu den Politikerinnen »der ersten Stunde«. Sie hat den Aufbau und die Geschichte der Bundesrepublik miterlebt und mitgestaltet. Nun muß sie erfahren, wie selbstgerecht die Westdeutschen – und nicht nur die Politiker – mit den Ostdeutschen umgehen und wie dadurch der Prozeß des Zusammenwachsens der beiden Teile Deutschlands gefährdet wird.

In ihrer Streitschrift hält sie mit einer kurzgefaßten Geschichte der Bundesrepublik den Westdeutschen den Spiegel vor. Aus ihrer Interpretation dieser Geschichte wird in aller Schärfe deutlich, daß angesichts der Schwächen und Defizite unserer eigenen Demokratie die Westdeutschen keinen Grund zur Selbstgerechtigkeit haben. In ihrem abschließenden »Plädoyer wider die Selbstgerechtigkeit« tritt die streitbare und hochangesehene Politikerin für einen politischen Neuanfang aller Deutschen ein.

Hildegard Hamm-Brücher, Dr. rer. nat., Dr. h. c., geboren 1921 in Essen, Studium der Chemie in München, Promotion 1945; seit 1948 Mitglied der FDP, 1964–1976 Mitglied des Bundesvorstandes, 1972–1976 stellvertretende Bundesvorsitzende der FDP; seit 1964 Vorsitzende der Theodor-Heuss-Stiftung; von 1948 bis Ende 1990 als Stadträtin, Landtagsabgeordnete, Bundestagsabgeordnete, langjährige Staatssekretärin und Staatsministerin im politischen Leben tätig.

Veröffentlichungen u. a.: Gegen Unfreiheit in der demokratischen Gesellschaft, 1968; Unfähig zur Reform?, 1972; Bildung ist kein Luxus, 1976; Der Politiker und sein Gewissen, 1983; Gerechtigkeit erhöht ein Volk, 1984; Kämpfen für eine demokratische Kultur, 1986; Der freie Volksvertreter – eine Legende?, 1990.

Hildegard Hamm-Brücher

Wider die Selbstgerechtigkeit

Nachdenken über Sein und Schein der Westdeutschen

04.06.93

Piper
München Zürich

Von Hildegard Hamm-Brücher liegen
in der Serie Piper außerdem vor:
Gerechtigkeit erhöht ein Volk (346)
Der Politiker und sein Gewissen (437)
Kämpfen für eine demokratische Kultur (624)
Der freie Volksvertreter – eine Legende? (1031)

Über Hildegard Hamm-Brücher liegt in der Serie Piper vor:
Freiheit muß erkämpft werden (Paul Noack, Hrsg.) (1439)

ISBN 3-492-10845-8
Originalausgabe
November 1991

Umschlag: Federico Luci
Foto Umschlagrückseite: Lotti Ortner (Eichwalde)
Gesamtherstellung: Clausen & Bosse, Leck
Printed in Germany

*Für alle Deutschen in Ost und West,
die zwischen 1933 und 1989
Unrecht und Unfreiheit in Wort und Tat
widerstanden haben.*

Inhalt

I. Einführung

»Die Frage, wie wir zu einem neuen deutschen Geschichtsbild kommen, ist die schwerste Aufgabe, die vor uns steht. Ein neues Geschichtsbild entsteht nicht, indem man das alte in eine Reinigungsanstalt bringt... Ein neues Geschichtsbild entsteht dadurch, daß wir den Sinn für die Wahrhaftigkeit zurückgewinnen.«

Theodor Heuss, 1947 in Eisenach auf dem ersten und einzigen gesamtdeutschen Treffen der liberalen Parteien vor der Vereinigung.

»Sinn für Wahrhaftigkeit«... so hat es dann auch unser sechster Bundespräsident Richard von Weizsäcker vierzig Jahre später ausgedrückt, als er am 8. Mai 1985 von der Notwendigkeit des Erinnerns sprach:

»Erinnern heißt, eines Geschehens so ehrlich und rein zu gedenken, daß es zu einem Teil des eigenen Innern wird. Das stellt große Anforderungen an unsere Wahrhaftigkeit.«

1. Zur Begründung: Weshalb diese Denkschrift

Schauen wir also in Wahrhaftigkeit zurück auf die deutsche politische Geschichte dieses nun zu Ende gehenden Jahrhunderts. Sie war voller Umbrüche. Viermal – fünfmal in Ostdeutschland – haben Staats- und Gesellschaftsformen gewechselt, desgleichen politische Illusionen und Desillusionen. Zwei folgenschwere Weltkriege haben wir verschuldet oder mitverschuldet. Bis auf die letzten fünfundvierzig Jahre im glücklichen Westen sind wir ohne politische Kontinuität und Tradition. Kein Wunder also, daß die Suche nach einer »deutschen

Identität« bisher nicht zu einem einigermaßen tragenden nationalen Konsens geführt hat. Auch nach der Vereinigung nicht.

Seit dem 3. Oktober 1990 gibt es nun wieder eine gemeinsame deutsche Geschichte, die seit dem 8. Mai 1945 durch Grenzen, Stacheldraht und Mauer, durch fundamental unterschiedliche politische und gesellschaftliche Systeme und nicht zuletzt durch die Trennung menschlicher Schicksale und Entwicklungen – scheinbar für immer – abgerissen war.

Dank eines – noch vor zwei Jahren unvorstellbaren – Zustands des *Friedens in Europa*, dank Gorbatschow und der drei westlichen Siegermächte und nicht zuletzt dank der friedlichen Montagsdemonstranten und einer entschlossenen Bundesregierung konnte die staatliche »Einheit Deutschlands vollendet« werden. So hatte es in der Präambel des Grundgesetzes und im sogenannten »Brief zur deutschen Einheit« (der dem ersten Entspannungsvertrag mit Moskau 1970 beigefügt worden war) scheinbar utopisch und formelhaft gestanden.

Grund zur Freude, aber auch zur Nachdenklichkeit! Wie kann diese folgenschwere Teilung – als Folge eines von Deutschland angezettelten, dann total verlorenen Krieges, der von den Alliierten zur Niederringung eines verbrecherischen totalitären Regimes geführt worden war und dem über 20 Millionen Menschen zum Opfer gefallen waren –, wie kann eine solche Teilung nun, fast ein halbes Jahrhundert später, überwunden werden?

Die ersten großen Etappen hierfür haben wir mit Bewegung – teilweise mit Begeisterung – erlebt:

- die Flüchtlingskolonnen von DDR-Bürgern aus Budapest, Warschau und Prag,
- die friedlichen Montagsdemonstranten, die der bewaffneten SED-Macht trotzten,
- die Öffnung der Mauer und Grenzübergänge am 9. November 1989,
- die Abdankung des SED-Regimes,
- die Übergangsregierung mit »runden Tischen« und Besetzung der Stasi-Zwingburgen,
- die ersten freien Wahlen am 18. März 1990 und die Währungsunion am 1. Juli 1990,

– den Einigungsvertrag – die Zustimmung der vier Siegermächte und den Beitritt der DDR zur Bundesrepublik am 3. Oktober 1990...

Ende gut – alles gut?

Nun, wir wissen mittlerweile, daß die staatliche Vereinigung ein »Kinderspiel« war im Vergleich zu den finanziellen, wirtschaftlichen und sozialen Aufgaben, die uns seither in Atem halten.

Was uns längerfristig aber noch weit mehr zu schaffen machen wird, ist die Aufarbeitung und Überwindung der teils bewußten, teils unbewußten Entfremdung, ja Fremdheit zwischen »West«- und »Ost«-Deutschen als Folge diametral entgegengesetzter politischer und ideologischer Welt- und Lebensanschauungen in des Wortes ursprünglicher Bedeutung. Wir haben zwei deutsche Geschichten erlebt.

Eigentlich ist es ja keine Überraschung, daß sich die durch Mauer und Stacheldraht über vierzig Jahre getrennten Deutschen auseinandergelebt haben, überraschend ist allenfalls das Ausmaß dieses Auseinanderlebens, das nach dem Abklingen des ersten Freudentaumels in den realen Unterschieden der Befindlichkeiten und Einstellungen offenbar geworden ist. Berührungsängste, ja wechselseitige Vorbehalte erzeugen nun statt Mauern Gräben, die erfahrungsgemäß nicht weniger trennen. Anfangs ersehnte und gesuchte Begegnungen werden rarer und enden nicht selten in Enttäuschungen. Politische Vorbehalte werden kaum noch artikuliert. In gemeinsamen Gremien beäugt man sich zurückhaltend, und es dauert nicht lange, bis WESSIS den Ton angeben und OSSIS sich übergangen oder benachteiligt fühlen.

Hier also erweist sich die deutsche Teilung als alles andere als überwunden, und hier sind die Folgen für eine gemeinsame demokratische Entwicklung noch gar nicht abzusehen. Noch gibt es keine Ansatzpunkte, ja nicht einmal ein gemeinsames Nachdenken, wie diesen Langzeitfolgen der Teilung begegnet werden kann, wie sie aufgearbeitet und überwunden werden können.

Ich habe es in den letzten Monaten wieder und wieder erlebt, daß es für uns WESSIS kaum möglich ist, uns in die Gemütslage der aller Wurzeln beraubten OSSIS zu versetzen. Ich kenne viele von ihnen von DDR-Kirchentagen als aufrechte Christen und Gegner des SED-Regimes. Jedoch kaum einer von ihnen ist bis heute ein überzeugter Bürger der Bundesrepublik geworden, gleich was sie nun wählen, ob und wo sie sich politisch engagieren. Die Pfarrer unter ihnen sind zumeist auf die Kanzel zurückgekehrt, und allesamt fürchten sie allzu große Staatsnähe. Alle sind froh über die neugewonnenen Möglichkeiten, vor allem für ihre Kinder; wirklich »zu Hause angekommen« sind sie nicht. Vielmehr fühlen sie sich überfordert, unverstanden, oft sogar gedemütigt. Täglich bekommen sie zu hören, daß sie nichts Richtiges gelernt, von Wirtschaft und Verwaltung keine Ahnung hätten, daß ihre sozialen Errungenschaften schrottreif seien und ihre kulturellen Leistungen Makulatur.

Das alles wurde selbst den jahrzehntelang unterdrückten OSSIS zuviel, und so erklärt es sich, weshalb der Begriff »WESSI« mehr und mehr zum Synonym für Bevormundung, Überheblichkeit und Besserwisserei wurde – eben zum BESSER-WESSI.

Ernüchterung und Enttäuschung haben sich »drüben« breitgemacht, Ungeduld, Überheblichkeit und Selbstgerechtigkeit auf »unserer« Seite. – Buchstäblich breitgemacht: Denn es gibt eine westliche Mentalität der Inbesitznahme und Missionierung, die keine eigenständige politische, wirtschaftliche, administrative oder soziale Entscheidung mehr zuläßt, die nicht dem Willen und den Vorstellungen westlicher »Vor«-Münder entspricht.

Wie wir mit unseren neuen Mitbürgern umgehen, das macht mich zornig, und ich schäme mich dafür, wie wir in der Regel über OSSIS denken und mit ihnen verfahren... »Ganz einfach«, sagte mir neulich ein sicher braver WESSI, »*wir* waren erfolgreich, wir haben und geben Geld – *die* sind beigetreten, also sollen sie dankbar sein und sich anpassen. *Wir* haben das Recht auf unserer Seite zu sagen, wo›s langgeht.« Und so weiter... Das klingt zwar plausibel und ist wohl auch die mehr oder weniger unmißverständlich geäußerte Meinung vieler West-

Deutscher. Aber ist sie nicht ungeheuer überheblich und selbstgefällig? Und ist sie darüber hinaus einem einigermaßen behutsamen Zusammenwachsen nicht geradezu abträglich? So jedenfalls sehen es jene beispielhaft tapferen OSSIS, die wir vor und während der »friedlichen Revolution« so bewundert und – auch regierungsamtlich – so hoch gelobt haben. Stellvertretend zitiere ich Friedrich Schorlemmer, einen von denen, die ich am meisten bewundert habe:

> »Es ist nicht Zeit gewesen. Wir haben uns nicht Zeit gelassen. Jetzt wird erst einmal böse Zeit zwischen uns sein. Aber die Zeit heilt auch Wunden. Gestatten wir uns zu sagen, wo es uns weh tut. Lernen wir zu reden miteinander und nicht übereinander. Versuchen wir zu verstehen, was eigentlich nicht zu begreifen ist. Wir sind noch lange nicht ein Volk. Wir sprechen noch lange nicht die gleiche Sprache. Wir sind noch lange nicht gleichberechtigt, wenn Gleichberechtigung weiter aus der Gleichbemittelung kommt. Die letzten Zeitungen und Verlage verschwinden, Rundfunksender verstummen, Fernsehprogramme verflimmern. Wissenschaftliche Institute und Kultureinrichtungen können sich nicht halten oder werden ›abgewickelt‹. Da werden nicht bloß Arbeitsplätze vernichtet – da werden geistige Ressourcen stillgelegt, da wird Eigenständigkeit verhindert, ein Lernprozeß unterbrochen, eine Erfahrung für null und nichtig erklärt, da werden Existenzen zerstört, die einen Namen haben. ›Knete machen‹ ist alles. ›Was sich nicht rechnen läßt‹, ist nichts. So geht es einem, wenn man nichts aufzuweisen hat als den kurzen Lichtblick einer Selbstbefreiung. Aus dem historischen Stillstand wurde ein historischer Strom und nun ein Strudel. Wer in den Strudel gerissen wird, kann mit einigem Glück, ohne Angst und mit Geistesgegenwart wieder auftauchen. Oder er säuft ab...«

Es läuft nicht gut in der »erweitert verschlechterten Bundesrepublik – selbst abgesehen von der Arbeitslosigkeit«, schreibt Schorlemmer weiter:

> »Hakenkreuzschmierereien, Übergriffe auf Asylanten und Polen, eine steil ansteigende Kriminalität und Verkehrsun-

fälle, Verwaltungschaos, Rechtsstillstand, Stasi-Seilschaften, Rücksichtslosigkeit.«

Diese Verfassung der enttäuschten OSSIS müssen wir nicht nur ernst nehmen, sondern verstehen und berücksichtigen.

Die innere deutsche Einheit braucht einfach mehr Zeit, Geduld und Nachdenken, nicht nur auf der *einen*, sondern auf *beiden* Seiten. Und daran fehlt es vor allem auf *unserer* Seite.

Wo führt es hin, wenn wir uns im alleinigen Besitz demokratischer Vollkommenheit dünken und als Gönner und Lehrmeister aufspielen? Ich fürchte, in eine Art Kolonialisierungsmentalität oder zur Zwangsmissionierung. Wir, die wir unsere eigene demokratische Ordnung nach 1945 alles andere als aus eigener Überzeugung gewollt und aus eigener Kraft erkämpft haben, auch wir sollten – um unserer Wahrhaftigkeit willen – unsere politische Geschichte nach 1945 auf ihre Wertbeständigkeit überprüfen, bevor wir uns selber den demokratischen Lorbeerkranz aufs Haupt setzen.

Wir sollten, statt dauernd mit dem Finger auf angeblich unbedarfte OSSIS zu zeigen, den drei eigenen Fingern folgen, die auf uns und unsere Versäumnisse, Defizite und Schwächen in *unserer* demokratischen Wirklichkeit weisen, und unsererseits zu Korrekturen bereit sein. Das ist es, was ich mir mit dieser DENKschrift vorgenommen habe. Ich möchte – so wahrhaftig wie möglich – versuchen, Rechenschaft über *Sein* und *Schein* unserer westdeutschen Demokratie abzulegen und damit der sich verbreitenden Selbstgefälligkeit und Selbstgerechtigkeit entgegentreten.

Abgesehen davon, daß unsere offenkundige Überheblichkeit und Selbstgerechtigkeit dem Selbstwertgefühl von 17 Millionen Ost-Deutschen und dem Zusammenleben quasi als »Sieger und Besiegte« nicht guttun kann, finde ich es an der Zeit, daß auch wir eine ehrliche Bestandsaufnahme vorlegen, ob und in wieweit unsere demokratische Ordnung äußerlich und innerlich gefestigt und glaubwürdig ist, welche Fehlentwicklungen, Versäumnisse und Verwilderungen bei uns festzustellen sind.

Unsere Demokratiegeschichte ist nämlich nicht nur eine Erfolgsstory. Sie weist auch dunkle Flecken und erhebliche

Schönheitsfehler auf, die nicht ausgeblendet, verheimlicht, bagatellisiert oder unter den prächtigen Vereinigungsteppich gekehrt werden dürfen. Unsere materielle Überlegenheit sollte und darf uns nicht daran hindern, den gemeinsamen Neuanfang auch als Chance für so manche eigene Einsicht, für Umkehr und Abkehr zu nutzen. Um wirklich zusammenzufinden, täten mehr Offenheit und selbstkritische Vermittlung not. Demokratie ist keine »Glücksversicherung« (wie Heuss schon in der Weimarer Republik feststellte). Sie besteht nicht nur aus »Schönwetter«. Für den Prozeß des Zusammenwachsens und der Vollendung der deutschen Einheit wäre diese Einsicht ganz sicher heilsam und fruchtbar. Ohne ehrliche Bestandsaufnahme auf beiden Seiten – also auch über unsere eigene Mitgift, und eben nicht nur die materielle – kann ein *gemeinsamer* Neuanfang nicht gelingen.

*

Also, sagte ich mir, widersprich doch dieser einäugigen Sicht, provoziere, wenn nötig. Erzähle die politische Geschichte der Bundesrepublik so, wie du sie erlebt hast – schreibe nicht nur über die glänzende Außenansicht, wie sie in den teuren Hochglanzbroschüren des Bundespresseamtes unter das Ost-Volk gestreut wird. Gewiß, auch ich finde, daß unsere Demokratie gut funktioniert, daß unsere Regierungen stabil und die Wahlergebnisse erfreulich normal sind, aber ich kann andererseits nicht finden, daß so manche Fehlentwicklung in unserer demokratischen Geschichte und so manches Defizit und Versäumnis nur so belanglos sind, daß wir sie einfach übergehen dürften.

Meine Geschichte bezieht also die Innenansicht unseres Gemeinwesens ein. Davon ist allerdings bei handelnden Politikern nur selten – wie ich meine, zu selten – die Rede.

Wie unsere westdeutsche Demokratie geworden ist, davon wird in dieser Schrift die Rede sein. Sie handelt vom *Sein*, aber auch vom *Schein* der fast ausschließlich von Männern geprägten WESSI-Demokratie.

Dies ist *meine* Geschichte unserer alten BRD, wie ich sie als Politikerin von der ersten bis zur letzten Stunde – von der ersten Währungsreform und der Entstehung des Grundgesetzes bis zur zweiten Währungsreform und dem Vereinigungsvertrag – miterlebt habe. Es ist kein dickes Buch der Erinnerungen, sondern ein Denkanstoß, der auch Anstoß erregen soll – entstanden aus eigenem vierzigjährigem Erleben und wider Selbstgerechtigkeit und Überheblichkeit hinsichtlich des Erreichten gedacht. Verbindungen zur Geschichte der DDR und dortigen Entwicklung stelle ich nur ausnahmsweise her, wenn sich Vergleiche anbieten. Auch hinsichtlich ihrer Auseinandersetzung über Schuld und Verantwortung entrate ich jeder Belehrung und Einmischung.

Dies ist also keine Geschichte, wie sie Männer schreiben werden – stolzgeschwellt und erfolgsorientiert. *Meine* Geschichte handelt nicht nur vom politischen Aufstieg und von Erfolgen, sondern auch von ersten mühseligen demokratischen Gehversuchen an der Hand der Siegermächte – von unserer Entwicklung von einem durch NS-Diktatur, obrigkeitsstaatliches Denken und rassistischen Vernichtungswahn geprägten Volk zu einer äußerlich »normalen«, westlich demokratisch orientierten, pluralistischen Demokratie.

Auf diesem Wege lagen Fortschritte und Rückschritte, Erfolge und Mißerfolge, Licht und Schatten so dicht beieinander, daß man bei einer wahrhaftigen Bestandsaufnahme weder das eine noch das andere einfach ausblenden darf. Nicht auf geschichtswissenschaftliche Vollständigkeit kommt es mir an – die muß ich den Historikern überlassen –, wohl aber auf eben diese aus meiner Sicht ehrliche Bestandsaufnahme von Licht und Schatten unserer bundesrepublikanischen Realität. Dazu gehören natürlich einerseits Fortschritte und Ansätze, die mir vielversprechend und weiterführend zu sein scheinen. Ich berichte aber andererseits auch über – oft nicht so positive – Entwicklungen und Erfahrungen, von denen ich meine, daß sie zum besseren Verständnis unserer Demokratie- und Gesellschaftsentwicklung nicht in Vergessenheit geraten sollten und für künftige Entwicklungen beachtet werden müssen. Nicht zuletzt schreibe ich gegen die grassierende Selbstgerechtigkeit, die in einen bundesrepublikanischen Alleinvertretungsanspruch für alles Gute, Richtige und Unfehlbare auszuarten droht.

Ich schreibe für politisch interessierte Leser/innen in Ost und West, für Frauen und Männer, die sich nicht selbstzufrieden auf die Schulter klopfen oder resigniert die Achseln zukken, sondern einfach interessiert sind, vielleicht auch kritisch, wie es nun mit unserer ersten gesamtdeutschen Demokratie weitergehen soll; die sich möglicherweise dabei engagieren wollen.

Meine Geschichte möchte ich vor allem an junge Menschen weitergeben, für die die Wurzeln unserer Demokratie in vergleichsweise grauer Vorzeit und die Gegenwart in ziemlicher Distanz liegen.

Ich wünsche mir, daß sie für ihre eigene Orientierung aus dieser Geschichte mindestens drei Einsichten, vielleicht sogar Überzeugungen, gewinnen:

- Unsere westliche Demokratie wurde nach 1945 nicht aus eigener Kraft erkämpft, und sie ist auch nicht vom Himmel gefallen.
- Sie war und ist immer nur, wie Churchill sagt, die zweitbeste aller Staatsformen, solange man eine bessere nicht gefunden hat, und daher unvollkommen und anfällig.
- Unsere deutsche Demokratie trug und trägt immer noch und immer wieder schwer an der Erblast unserer politischen Geschichte dieses Jahrhunderts. Wir können diese weder durch Verdrängen, Vergessen noch durch Aufrechnen abschütteln, sondern nur in Wahrhaftigkeit mit ihr leben und unsere Demokratie weiter gestalten.

Daß es sich dennoch und gerade deshalb lohnt, für sie einzutreten und für ihre Festigung und Verbesserung zu kämpfen, statt selbstgefällig und selbstgerecht mit dem Finger auf andere zu zeigen, das ist der Kern der Botschaft, die *meine* Geschichte unserer Demokratie nach der Hitler-Diktatur vermitteln will.

Im *ersten Teil* gebe ich einen Überblick über die wichtigsten Etappen der westdeutschen Geschichte zwischen 1945 und 1989. Dabei berichte ich über die weit zurückliegenden Jahrzehnte bewußt ausführlicher – sie zeigen zudem so manche Parallele zu heutigen Problemen in der ehemaligen DDR – als über die noch erinnerungsnahen; desgleichen über meine persönlichen Erfahrungen immer dann, wenn sie mir zeit- und polittypisch erscheinen. Beides mag für manchen Leser Vollständigkeit und damit Objektivität beeinträchtigen, es entspricht aber meinem Bemühen um politische und persönliche Wahrhaftigkeit.

Darauf kommt es mir an: Nicht auf wissenschaftliche Vollständigkeit, sondern auf mehr Wahrhaftigkeit in der politischen Auseinandersetzung und im Umgang zwischen Bürgern und Politikern in West und Ost.

Der *zweite Teil* handelt von den zumeist schmerzhaften Auseinandersetzungen und Anstrengungen bei der Aufarbeitung unserer Erblast aus der NS-Zeit und von problematischen innerdemokratischen Entwicklungen. Auch das ist ein Stück meiner politischen Identität.

Zwischen dem Beschluß, *meine* Geschichte der Bundesrepublik als DENKschrift wider die Selbstgerechtigkeit aufzuschreiben, und der Drucklegung sind nur vier Monate vergangen, in deren Verlauf sich meine Besorgnisse beinahe täglich bestätigt haben. Mittlerweile beginnen auch Presse und Öffentlichkeit aufzumerken. Spätestens anläßlich des Eklats in und zwischen der CDU-West in Gestalt ihres Generalsekretärs, der sich zum Ausputzer berufen fühlte, und der CDU-Ost in Gestalt des beinahe tragischen Opfers Lothar de Maizière, des Mannes, ohne den Helmut Kohl den reibungslosen Beitritt der DDR nicht so rasch hätte vollziehen können, werden westliches Fehlverhalten und Selbstgerechtigkeit politisch thematisiert. So schreibt zum Beispiel Heribert Prantl am 14. September in der »Süddeutschen Zeitung«:

> »Die alte Bundesrepublik tritt als Lehrmeister auf in Sachen Wirtschaft, Recht, Politik und Moral. Das Gefühl ›ohne uns geht nichts – aber mit uns alles‹ macht unsensibel. Es verführt zur Überheblichkeit. Ist die alte Bundesrepublik denn sachverständig in Sachen Vergangenheitsbewältigung? Sie tut so... aber sie hat dem Osten kaum eine Chance dazu gelassen...
>
> Im Nachkriegsdeutschland hat es zwar eine Entnazifizie-

rung, aber keinen radikalen Bruch mit der Vergangenheit gegeben... So entstand eine ökonomisch starke Republik auf moralisch schwachen Füßen...«

So war es und so ist es: Wir haben den OSSIS – zunächst sicher in bester Absicht – zur Selbstfindung keine Chance gelassen. Nach den ersten gesamtdeutschen Bundestagswahlen wurden wir zunehmend besitzergreifend, überheblich und selbstgerecht. Um so dringlicher wird es, einzuhalten und gegenzuhalten.

Bonn und seine verantwortlichen Politiker müssen endlich begreifen, daß der eingeschlagene Weg nicht zu der würdigen Vollendung der inneren Einheit führt, sondern im Bewußtsein vieler OSSIS – und hier gerade derjenigen mit dem aufrechten Gang – allenfalls zu einer politischen Zwangsadoption.

Ob etwas, wie und was an diesen bedenklichen Entwicklungen zu ändern ist, dazu möchte ich im *Schlußtext* mit einem Plädoyer »wider die Selbstgerechtigkeit und für einen neuen Anfang« deutlich Stellung nehmen.

Von der Ermutigung meiner Verleger und der Unterstützung vieler Verlagsmitarbeiter abgesehen, schulde ich auch bei diesem Buch besonders herzlichen Dank meinen Lektoren Frau Dr. Heidi Bohnet und Herrn Dr. Klaus Stadler, sowie meiner langjährigen früheren Mitarbeiterin Marion Mayer.

Um zu viele Fußnoten zu vermeiden, wird im Anhang die politische Literatur genannt, der die Zitate entnommen sind. Das Personenverzeichnis enthält Kurzinformationen zu erwähnten Personen.

2. Zur Person

Wer bin ich, die dieses Wagnis unternehmen will?

Ich bin eine Frau aus sogenannter gutbürgerlicher Familie, die, 1921 geboren, von der ersten deutschen Demokratie allenfalls das Ende mitbekommen hat, die in der Nazi-Zeit herangewachsen und in der Kriegszeit erwachsen geworden ist und gleich nach der totalen Katastrophe der braunen Männerherrschaft fest entschlossen war, dazu beizutragen, daß sich »so etwas« niemals in Deutschland wiederholen würde. Nie wieder – und auch nicht in ersten Spuren von neuen Anfängen.

Bereits im Mai 1948 errang ich ein Mandat im Münchner Stadtrat als weitaus Jüngste und eine der ganz wenigen Frauen. Von da an bis 1990 – also bis zum Ende der geteilten Bundesrepublik – war ich ununterbrochen als Politikerin, Abgeordnete, Staatssekretärin, Staatsministerin, Fraktionsvorsitzende der bayerischen FDP und stellvertretende Bundesvorsitzende usw. tätig. Zu den »Mächtigen« dieser Republik habe ich nie gehört, wohl aber war ich immer von mächtigem Engagement erfüllt. Das hat mich mehr als einmal in politische Schwierigkeiten und wiederholt an den Rand des Scheiterns gebracht. Viele Ohnmachtserfahrungen, von denen berichtet wird, säumten den Weg.

Am Anfang meiner persönlichen Emanzipation von einer jungen, in öffentlichen Dingen unerfahrenen Frau zu einer in vielen Stürmen gewachsenen und erprobten Politikerin habe ich empfunden wie jene Libussa* in dem autobiographischen Entwicklungsroman »Die Stunde der Frauen«:

> »Unsere Meinungen von dem, was sich gehört und nicht gehört, die Gefühle für Ordnung und Unordnung, unsere Tugenden und Untugenden sind über lange Zeiträume hin sehr, sehr einseitig und in der beherrschenden Linie sehr protestantisch, preußisch und soldatisch, *sehr männlich* geprägt worden, mitunter bis ins Extreme. Die Leistungsbereitschaft und der Kampf, das Selbstopfer fürs Ideale, der Dienst am Staate und die Amtshoheit, Befehl und Gehorsam, eine Pflichterfüllung...und offenbar unausweichlich trieb die einseitige Prägung einem Entweder-Oder zu: Freund oder Feind, Alles oder Nichts, Sieg oder Untergang. Im Untergang aber, wenn er unversehens denn eintritt, verliert das *einseitig männliche Prinzip* jeden Glanz. *Auf einmal*

* Libussa ist die Schwester des Autors Christian von Krockow, deren Geschichte er – in ihren Worten – erzählt.

taugt es nicht mehr. Niemand kann es noch brauchen, es zerbricht. *Zum Überleben im Untergang wie zum Leben überhaupt ist nun anderes nötig.*«

So ähnlich empfand ich es, und seither war es mein Ziel – wo immer nötig – mitzuhelfen, das »einseitig männliche Prinzip« in der Politik zu durchbrechen, es nicht einfach gutzuheißen, mich ihm nicht einfach anzupassen.

Die Einwände, die hier gemacht werden können, nehme ich gleich vorweg:

Erster Einwand: Die politisch-moralische Meßlatte, die ich im Lauf meines politischen Lebens angelegt habe, sei für unser demokratisches Gemeinwesen einfach zu hoch. Die Menschen seien, wie sie sind, und die Politiker dementsprechend.

Zweiter Einwand, der sich aus dem ersten ergibt: Damit seien meine Vorstellungen nicht realitätsgerecht.

Beide Einwände reizen mich zum Widerspruch:

Zum *ersten*: Wie hoch (oder wie niedrig) sollten wir 1945 – nach der NS-Zeit – die Meßlatte für ein freiheitliches und menschenwürdiges Gemeinwesen eigentlich legen? Diese Problematik hat zumindest die einigermaßen sensibel gebliebenen Deutschen nach dem 8. Mai 1945 aufgewühlt und intensiv beschäftigt. Unser Volk war in seiner überwiegenden Mehrheit vom Nationalsozialismus und seinem »Führer« überzeugt gewesen und hatte – bis auf wenige Ausnahmen – bis zum bitteren Ende des Krieges alles mitgemacht, wenn auch zunehmend entmutigt. Unsere Soldaten mußten zumindest eine Ahnung von dem gehabt haben, was in den besetzten Gebieten vor sich ging. Und an der »Heimatfront« konnte kein/e Fabrikarbeiter/in die hungernden und menschenunwürdig behandelten Zwangsarbeiter/innen übersehen, ebensowenig wie wir Städter die Gespenster-Kolonnen in zerlumpter Häftlingskleidung, die – martialisch bewacht – nach Fliegerangriffen Aufräumungsarbeiten leisten mußten. Und wo waren all die jüdischen Mitbürger geblieben, die das gesellschaftliche und politische Leben, vor allem unsere Kunst, Kultur und Wissenschaft bereichert hatten und als angesehene Mitbürger und »gute« nationale Deutsche bekannt und anerkannt gewesen waren?

Nein, wenn nicht »Kollektiv*schuld*«, so war es doch zumindest die Kollektiv*sünde* des Wegsehens, die unser aller Schuld und damit auch die meine war.

Eine deutsche Jüdin, Gerty Spies, die drei Jahre Theresienstadt überlebt hat, formuliert diese »Schuld« so:

»Was ist des Unschuldigen Schuld –
Wo beginnt sie?
Sie beginnt da,
Wo er gelassen, mit hängenden Armen
Schulterzuckend daneben steht,
Den Mantel zuknöpft, die Zigarette
Anzündet und spricht:
Da kann man nichts machen.
Seht, da beginnt des Unschuldigen Schuld.«

Die Erkenntnis *dieser* Schuld mußte die Höhe der Meßlatte bestimmen, wenn der »neue Anfang« gelingen sollte. Und dazu wollte ich – wie viele andere Deutsche – beitragen...

Leider erwiesen sich viele der ehrlichen Vorsätze, mit dieser Erblast verantwortlich umzugehen, als zu mühsam und schmerzlich, um sie durchzuhalten. So rutschte die Meßlatte im Laufe des ersten Nach-Hitler-Jahrzehnts immer weiter herunter: Reden wir nicht mehr darüber, ziehen wir doch »endlich« einen Schlußstrich. Daraus entwickelte sich jene »Unfähigkeit zu trauern«, die uns bis in die Gegenwart hinein begleitet.

War dieser Verlauf nicht sehr normal und verständlich? Hatten wir unter dem Eindruck der ersten Erschütterungen nach der »Vernichtung und Erlösung« (Theodor Heuss) die Meßlatte vielleicht doch zu hoch gelegt und unsere moralische Kraft zur Aufarbeitung überschätzt? Verständlich war es schon, aber es war uns einfach nicht erlaubt, dem menschlich-allzu menschlichen Trend zum Verdrängen und Vergessen stillschweigend nachzugeben, und es war uns schon gar nicht erlaubt, unsere Schuld mit der anderer oder mit neuer Schuld aufzurechnen.

Wie wir mit dieser *Erblast* umgehen sollten, das macht einen wichtigen Teil meines politischen Denkens und Handelns aus.

Und zwar in dem Verständnis, wie es der deutsche Philosoph der Aufklärung Georg Christoph Lichtenberg vor 200 Jahren formuliert hat:

> »Eine Republik zu bauen aus den Materialien einer niedergerissenen Monarchie (Diktatur) ist freilich ein schweres Problem. Es gelingt nicht, ohne bis daß erst jeder Stein neu behauen ist – und dazu gehört Zeit.«

Auch von diesem »Steine-neu-Behauen« wird in dieser Schrift die Rede sein.

Zum *zweiten* Einwand, diese Gedankengänge seien nicht realitätsgerecht, ist zu sagen: Es sind Gedankengänge einer Frau, die sich mit den scheinbar unabänderlichen Gesetzmäßigkeiten und Sachzwängen der Männerwelt niemals hat abfinden können. Und das bis heute nicht.

Nicht weil ich meine, daß Frauen nun durchweg die bessere Ausgabe der Species Mensch seien. Aber sie sind eben eine gottgewollt andere, die im außerhäuslichen Leben und Mitgestalten in ihrer Andersartigkeit bisher keinen Platz fand, es sei denn, sie wurde dank Anpassung und klagloser Pflichterfüllung geduldet. Daß diese Plazierung von Gnaden der Männer in einer Sackgasse endet, ist mir erst Anfang der 60er Jahre, also nach fast eineinhalb Jahrzehnten politischen Engagements wirklich bewußt geworden. Und zwar schockartig (vgl. S. 60).

Am nachhaltigsten erfuhr ich *männliche* Ausgrenzungspraktiken, nachdem ich im Deutschen Bundestag 1982 begründet hatte, weshalb ich mich nicht dem Fraktionszwang beim Mißtrauensvotum gegen den damaligen Bundeskanzler Helmut Schmidt beugen wollte. In der Folgezeit bekam ich jahrelang zu spüren, was es bedeutet, so demonstrativ gegen die Gesetze des Macho-Dschungels verstoßen zu haben.

Da hatten die Männer, selbst die meiner eigenen politischen Couleur, ganz schnell wieder verlernt, was sie sich an gönnerhafter Attitüde, an scheinbarer Akzeptanz von Frauen zugelegt hatten, nun wurden sie wieder zu Machos, die willensstarke und eigenständige Frauen einfach nicht ertragen und auf ihre Weise kleinkriegen wollten.

Das stelle ich ohne Überheblichkeit oder Selbstmitleid fest – eher mit Belustigung und in der Gewißheit, daß sich der oft steinige Weg individueller Emanzipation vollenden muß: Frauen dürfen sich mit dem bisher Erreichten nicht zufriedengeben. Auch hohe und höchste Positionen genügen nicht, wenn sie sich dort nur anpassen und klein beigeben, wo aufrechter Gang geboten ist. Das vorherrschende Prinzip der politischen Männerwelt sind stählerne Ellenbogen und geschmeidige Bücklinge. Auf *beides* müssen Frauen verzichten, wenn es ihnen wirklich darum geht, Politik menschlicher und glaubwürdiger zu machen. Das wird nicht ohne Dissens zum derzeitigen System und nicht ohne Dissidentinnen gelingen, die weder resignieren noch einfach mitmachen, sondern standhalten und zu Alternativen provozieren.

Mit diesem Verständnis gehe ich an diese DENKschrift. Ich fühle mich herausgefordert, westdeutscher Selbstgefälligkeit und Selbstgerechtigkeit entgegenzuwirken und damit einen weiterführenden Dialog zu ermöglichen.

Am 30. September – kurz vor Drucklegung dieses Buches – veröffentlichte die »Frankfurter Allgemeine Zeitung« die Ergebnisse einer Untersuchung des »Instituts für Demoskopie Allensbach« über Einstellungen unserer neuen Mitbürger zur Demokratie und über deren Befindlichkeiten. Diese Ergebnisse bestätigen in fast beklemmender Weise meine Beobachtungen und Besorgnisse. Ich stelle sie deshalb nachträglich meinem Text voraus.

Auf die Frage an Bürger in den neuen Bundesländern »Hätten Sie lieber einen neuen Staat, oder sind Sie ganz zufrieden, daß sich die Staatsform der BRD durchgesetzt hat?«, antworteten nur 47% mit »zufrieden«, 35% mit »lieber einen neuen Staat« und 18% mit »unentschieden«.

Auf die Frage »Glauben Sie, daß die Demokratie, die wir in der BRD haben, die beste Staatsform ist, oder gibt es eine andere Staatsform, die besser ist?«, antworteten im November 1990 in den neuen Ländern nur 42% mit »die beste Staatsform«, 58% votierten dagegen oder enthielten sich. Im April und Juni 1991 sank die Zustimmung gar auf 31% bzw. 32%, fast 70% waren gegen unsere Demokratie oder enthielten sich.

Ein wahrhaft alarmierendes Zeichen, das noch verstärkt wird durch die Antworten auf die Frage: »Hat der Sozialismus versagt, oder waren es die Politiker?« Nur 30% meinten, »der Sozialismus« habe versagt, 60% antworteten mit »unfähige Politiker«.

Diese und andere Antworten – ergänzt durch Erkenntnisse über den nicht nur in den neuen Ländern um sich greifenden Rechtsextremismus und gewalttätigen Ausländerhaß – erfordern eine kritische Bestandsaufnahme und eine Auseinandersetzung über Vergangenheit, Gegenwart und Zukunft unserer Demokratie, wie ich sie im folgenden versuchen will.

II. Erfolgsstory mit Schönheitsfehlern – Zum Verlauf der Geschichte der BRD

1. Traum und Trauma der Nach-Hitler-Zeit und die nicht-erkämpfte Demokratie (1945–1949)

»Es wird eines ungeheuren seelischen Prozesses bedürfen, um die Elemente der Hitler-Ideologie aus dem Wesen der Deutschen wieder auszuscheiden... Mit der Flucht in Illusionen und mit Ausreden ist es in Zukunft nicht getan.«

Diese ebenso realistischen wie prophetischen Sätze schrieb der damals 61jährige Theodor Heuss einen Tag nach der totalen deutschen Kapitulation – am 9. Mai 1945 – in seiner winzigen Heidelberger Dachwohnung, dem »Ausweichquartier«, nachdem er in Berlin ausgebombt worden war, in seinen »Aufzeichnungen«.

Am 30. Mai fügte er hinzu:

»... die geistige Auseinandersetzung mit den Folgen der Nazi-Herrschaft muß von den Deutschen selber mitgetragen werden..., nicht nur von Emigranten, sondern gerade von solchen, die die Zeit unmittelbar miterlebt und ihre Nöte gespürt haben... Wir müssen jetzt schon den Kampf gegen eine irgendwann einmal aufwuchernde Hitler-Legende aufnehmen.«

Und am 8. Mai 1949 – anläßlich der Verabschiedung des Grundgesetzes, als dessen »Architekt« er zusammen mit Carlo Schmid bezeichnet werden darf – sagte er rückblickend auf den 8. Mai 1945: Dieser bleibe

»die fragwürdigste und tragischste Paradoxie unserer Geschichte, weil wir erlöst und vernichtet in einem gewesen sind«.

Diese drei Zitate charakterisieren genauer als alle nachträglichen Beschreibungen die Empfindungen vieler Deutscher, die wie ich die Nazi-Zeit, den Krieg und – nach beider Ende – die Katastrophe mit tiefem Entsetzen und persönlichen Schuld- und Schamgefühlen erlebt und überlebt hatten. Sie charakterisieren aber auch den nun unerwartet stark aufbrechenden Willen und die Kraft zur geistigen, moralischen und politischen Erneuerung – Erneuerung von Grund auf! Nicht WIEDERaufbau!

Da gab es für uns zum einen die Verpflichtung aus dem Vermächtnis der *Widerstandskämpfer* gegen Hitler, der Märtyrer christlichen Glaubens und der Abermillionen Opfer deutschen Größen- und Rassenwahns – ihrer aller Vermächtnis war uns nun anvertraut.

Im vierten Flugblatt der Weißen Rose, der Münchner studentischen Widerstandsgruppe, hatte es gelautet:

»Nur durch die Niederlage können wir Sühne leisten für die furchtbaren Verbrechen, die wir gegen Europa und die Welt begangen haben.«

In einem der letzten und anrührendsten der »Moabiter Sonette« von Albrecht Haushofer – kurz vor seiner Hinrichtung im April 1945 – steht geschrieben:

»... daß dieses Volk die Siege nicht ertrug.
Die Mühlen Gottes haben schnell gemahlen.
Wie furchtbar muß es nun den Rausch bezahlen ...
Es war so hart, als es die andern schlug,
so taub für seiner Opfer Todesklagen. –
Wie mag es nun das Opfer-Sein ertragen?«

Diese Frage habe ich mir oft gestellt: Wie haben wir das Opfersein ertragen – wie unsere Schuld getragen?

Nicht ein Deutscher war es übrigens, der bereits 1946 den deutschen Widerstand zusammenfassend gewürdigt hat, sondern kein geringerer als Winston Churchill – mit folgenden Worten:

»In Deutschland lebte eine Opposition, die durch ihre Opfer zu dem edelsten und größten gehört, was in der politischen Geschichte der Völker hervorgebracht wurde... Diese Toten vermögen nicht alles zu rechtfertigen, was in Deutschland geschah, aber ihre Taten und Opfer sind das Fundament eines neuen Aufbaues.«

Und da gab es – zum anderen – die Stimme der Lebenden: Thomas Mann vor allem, jene geheimnisvolle Stimme aus dem Äther, die uns am 9. Mai 1945 zugerufen hatte:

»Die große Stunde, trotz tiefster Demütigung des eigenen Landes, kann in der Rückkehr Deutschlands zur Menschlichkeit bestehen.«

Oder der katholische Dichter Reinhold Schneider in seiner Schrift »Das Unzerstörbare«:

»Wer in die Zusammenhänge der Schuld gestellt ist und nicht sühnt, gibt seine Würde endgültig auf. Es kann im Leben eines Volkes eine Phase eintreten, da Sühne die einzig mögliche Haltung und damit die geschichtliche Tat dieses Volkes ist. Ein wirklich erschüttertes Gewissen weckt Gewissen auf...«

Oder der Heidelberger Arzt und Philosoph Karl Jaspers, einer jener wenigen nicht emigrierten, wirklich widerstehenden Professoren, auf die der Begriff der »inneren Emigration« zutrifft. (Jaspers hat mich damals und später in seiner schonungslosen »Radikalität« tief beeindruckt. Aber sie schreckte auch viele ab.) In seiner Vorlesung über »Deutsche Selbstbesinnung« sagte er und wiederholte dies später oft:

»Ein Moment der Entscheidung ist das radikale Abstandnehmen vom Dritten Reich und von allem, was es ermöglicht hat. Hier darf es keine Kontinuität geben, denn Kontinuität bedeutet hier Weiterwirken des Giftes, Vorbereitung neuen Unheils. Notwendig ist Abbruch der Kontinuität, Distanz, der Sprung zum neuen Anfang. Wir müssen eine für uns neue freie Staatlichkeit finden, in die wir hineinwachsen durch Wandel unseres politischen Ethos ...«

Nicht zuletzt war es das »Schuldbekenntnis der Evangelischen Kirche«, das allerdings leider erst Jahrzehnte später zu einem wirklich gemeinsamen christlichen »Bekenntnis« wurde. Damals, im Oktober 1945, war es von nur wenigen »Bekennenden Christen« verfaßt und nur von einem beschämend kleinen Teil aller Gläubigen mitgetragen worden. Schämte sich ihre Mehrheit evangelischer Christen, die ja nicht widerstanden hatte, zu sehr oder zu wenig? Im »Schuldbekenntnis« heißt es:

»Durch uns ist unendliches Leid über viele Völker und Länder gebracht worden... Wir klagen uns an, daß wir nicht mutiger bekannt, nicht treuer gebetet, nicht fröhlicher geglaubt und nicht brennender geliebt haben.«

*

Es gäbe viele weitere bewegende Zeugnisse aus dieser Zeit. Ich habe mich auf die beschränkt, die für junge, nach Besinnung und Neuanfang suchende Menschen wie mich damals wegweisend waren – für junge Deutsche, aus den Jahrgängen stammend, die unschuldig schuldig geworden waren. Hierfür eigene Aufzeichnungen aus dieser Zeit:

»In der Nacht des Waffenstillstandes am 8. Mai fing ein großes Feiern und Freuen an. Erleichterung breitete sich aus, selbst bei Leuten, die nicht gerade zu den Nazigegnern gezählt hatten. Sie beteuerten, man sei ja schon immer dagegen gewesen. Die echten Nazis waren nicht mehr zu sehen. Ich weiß noch genau, daß sich wildfremde Menschen mit Tränen in den Augen um den Hals fielen...

Nie wieder in meinem Leben habe ich so intensiv gefühlt, was es heißt, weiterleben zu dürfen – frei leben zu dürfen –, ohne Ängste in unendlicher Dankbarkeit und in der unerschütterlichen Hoffnung auf eine bessere Zukunft. In diesen frühen Sommertagen dankte ich Gott wie jener junge Watt in den ›Flegeljahren‹ von Jean Paul für meine Zukunft, die nun irgendwann einmal beginnen würde...«*

Ja, es war jene seltsame Mischung aus *Traum* und *Trauma*, die nur kurze Zeit währte und nie wiederkehrte. So seltsam es klingt: Das Trauma der Erblast und der Schuld, Scham und Mitverantwortung hierfür beflügelte unseren Traum vom Aufbau eines ›anderen‹, eines freiheitlichen, menschlichen, demokratischen und gerechten, eines in Vielfalt und Kreativität leuchtenden Deutschlands.

Ein Stück dieses Traumes prägte später noch den Text und den Geist des Grundgesetzes. Dank sei vor allem Theodor Heuss und Carlo Schmid hierfür, aber auch Elisabeth Selbert, jener Rechtsanwältin aus Kassel, der wir Frauen unsere uneingeschränkte Gleichberechtigung – zumindest verfassungsmäßig – verdanken. Dann war es aus mit dem Traum. Mit dem Wirtschaftswunder kam das große Vergessen!

Bevor ich noch ein wenig mehr von den Anfängen in den drei westlichen Besatzungszonen berichte, eine Rückerinnerung an die Anfänge für die Deutschen, die in der sowjetisch besetzten Ostzone »befreit« worden waren. Wenn es dort einen Traum der Befreiung gab, dann währte er wohl sehr viel kürzer als bei uns. Später wurde er in stalinistischen Einheitsparolen und der totalen Beschlagnahme der gerade erst errungenen Freiheit erstickt, und in den Jahren danach abermals mißbraucht, so lange, bis er spätestens in den 80er Jahren – selbst für überzeugte Kommunisten – wiederum zum Trauma wurde.

Es ist viel, was wir aus diesen Anfängen nach 1945 festhalten, erinnern und bedenken müssen, wenn wir ein neues Ge-

---

* erschienen in: »Mensch, der Krieg ist aus. Zeitzeugen erinnern sich.« Hrsg. von Werner Filmer, Econ Verlag, Düsseldorf 1985

schichtsbild wachsen lassen wollen, das nicht aus der »Reinigungsanstalt« (Theodor Heuss 1947) kommt, sondern aus dem »Sinn für Wahrhaftigkeit« (Richard von Weizsäcker 1985).

*

Auch die äußeren Lebensbedingungen waren in den ersten Jahren nach der selbstverschuldeten Katastrophe Traum und Trauma zugleich. Zunächst mehr Trauma!

Wir waren ein äußerlich und innerlich total zerstörtes, demoralisiertes und entkräftetes Volk, mit einer schrecklichen Vergangenheit belastet und ohne Hoffnung auf eine bessere Zukunft. Wir hatten »die größte Demütigung unserer Geschichte erlebt – eine Demütigung, die wir verdient hatten«. So wiederum Theodor Heuss 1947 in Eisenach.

Wie sollte es gelingen, dieses allen freiheitlichen und demokratischen Prinzipien abholde Volk mit den Bedingungen eines freiheitlichen Gemeinwesens zu befreunden? Wie sollte es gelingen, verlorenes Ansehen und Vertrauen bei den europäischen Nachbarn und in der Welt zurückzugewinnen? Und wie konnte nach der totalen wirtschaftlichen Zerstörung und Demontage, nach dem Zustrom von über zehn Millionen Flüchtlingen und Vertriebenen aus osteuropäischen Ländern ein materieller Aufbau überhaupt eine Chance haben?

Die vielgerühmte sogenannte »Stunde Null« am 8. Mai 1945 war eigentlich gar keine »Stunde«, konnte es wohl auch nicht sein. Eher war es ein sehr abrupter Übergang von der Hitler- in die Nach-Hitler-Zeit.

Buchstäblich über Nacht war der braune Spuk wie von Geisterhand zerstoben. – Ich erinnere mich noch gut, wie urplötzlich braune Uniformen und Embleme wie vom Erdboden verschluckt waren. Von Frauen, Greisen und Kindern, die als »Werwölfe« nach Hitlers Willen das Land verteidigen, notfalls zerstören sollten, keine Spur mehr. In Starnberg, wo ich Ende und Anfang erlebte, hingen von einer Stunde zur anderen statt Hakenkreuzfahnen weiße Bettücher oder weiß-blaue Bayernfahnen aus den Fenstern. Statt schneidiger Marschmusik gab es jetzt US-Jazz, und statt Sprüchen wie »Wir wollen weitermarschieren, bis alles in Scherben fällt« gab es wieder Dankgebete. Nun wollte niemand mehr weitermarschieren. – Ganz Deutschland war samt der Hitler-Diktatur in Scherben gefallen und gehörte nicht einmal mehr den Deutschen. Die zivilisierte Welt haßte und verachtete uns.

Trotzdem: Viele Deutsche fühlten sich befreit und glücklich! So beispielsweise Erich Kästner im Sommer 1945:

»... daß man wie die Zigeuner leben muß, hinter zerbrochenen Fenstern, ohne Buch und zweites Hemd, unterernährt, angesichts eines Winters ohne Kohle, niemand stört das. Keiner merkt›s. Das Leben ist gerettet, mehr brauchte es nicht, um neu zu beginnen.«

Am unmittelbarsten trafen die Traum-Gefühle des leider frühverstorbenen, hochbegabten Dichters Wolfgang Borchert auf unsere innere Verfassung zu:

»Wir sind eine Generation ohne Abschied ..., aber wir wissen, daß alle Zukunft uns gehört... Vielleicht sind wir voller Ankunft unter einer neuen Sonne, zu neuen Herzen. Vielleicht sind wir voller Ankunft zu einem neuen Leben, zu einem neuen Lachen, zu einem neuen Gott...«

So war auch mir damals zumute. Es brach etwas auf... und alles war voller Ankunft zu einem neuen Leben. Und wenn es nicht so viel Not und Elend rund um mein neues Lebensgefühl gegeben hätte: Diese erste Nachkriegszeit würde ich als die fruchtbarste und glücklichste Zeit meines Lebens bezeichnen.

Auch war es einfach fantastisch, was uns da alles schon bald nach Kriegsende an geistiger und kultureller Kost geboten wurde! Unser Nachholbedarf war schier unersättlich! In der NS-Zeit verbotene »entartete« Kunst und Literatur vor allem – und dann all das Neue, Unbekannte: Schon 1946 boten die Amerikaner 60 übersetzte Theaterstücke an, von denen 45 aufgeführt wurden. Die Franzosen boten 98 und die Briten 15 Theaterstücke. – Entsprechend war der Gründungsboom bei den Theatern. Ende 1945 gab es allein in Berlin 400 Anträge.

Ich erwähne hier nur die Stücke, die mich damals am tiefsten und nachhaltigsten beeindruckt haben und die uns während der Nazi-Zeit vorenthalten worden waren:

Thornton Wilder: »Unsere kleine Stadt« und »Wir sind noch einmal davongekommen« – Jean Anouilh: »Antigone« – Jean-Paul Sartre: »Die Fliegen« und »Die schmutzigen Hände« – Albert Camus: »Die Pest«. Später noch Paul Claudel: »Der seidene Schuh« und Jean Giraudoux: »Der trojanische Krieg findet nicht statt«.

Der geistige und kulturelle Reichtum des Theaterlebens nach 1945 stand in krassem Gegensatz zur materiellen Armut, in der dies alles stattfand: In kalten Sälen, auf harten Bänken, fast ohne Kostüme und Requisiten, mit unterernährten, schlecht bezahlten, aber begeisterten Schauspielern, und dennoch – es ist keine Nostalgie zu behaupten, daß es gerade dieses Erleben war, das uns über vieles hinweghalf und zur Auseinandersetzung und Klärung ermunterte.

Als der beliebte Kabarettist Werner Finck 1946 in München eine »Gesellschaft der fröhlichen Hoffnungslosen« gründete, meldete ich mich an – allerdings mit dem Zusatz »hoffnungsvoll«. – So wie ich empfanden es viele glückliche befreite Deutsche.

*

Trotz aller Aufbruchsstimmung dürfen wir die materiellen Nöte dieser ersten vier Nachkriegsjahre nicht vergessen. Sie waren katastrophal – wie hätte es anders auch sein können. Zerstörte Städte und Wohnungen, Fabriken, Straßen und Transportwege, Millionen Vertriebene und Flüchtlinge, zurückkehrende, abgezehrte Soldaten, alleinbleibende Frauen und Mütter... Es gab viel Verbitterung und Hoffnungslosigkeit.

Im Traum der neuen Freiheiten entwickelte ich eine differenzierte Nachdenklichkeit. Mich dauerten die ungezählten äußerlich und innerlich verwundeten jungen Männer meiner Generation, die in ihrer großen Mehrheit noch vor wenigen Monaten an den »Führer«, an den Endsieg, an die Überlegenheit der deutschen Waffen und der arischen Rasse geglaubt hatten. Ich konnte mir gut vorstellen, daß sie nun als »Besiegte« mit der Freiheit der Sieger nicht viel anfangen konnten, daß sie verbittert sein und sich um ihre Jugend betrogen fühlen mußten. Der Soziologe Helmut Schelsky hat sie in den 60er Jahren als die »skeptische Generation« beschrieben. Dennoch war mir klar: Auf diese, auf unsere Generation würde es in Zukunft ankommen. Wir, die wir in den 30er Jahren noch Kinder oder zu jung gewesen waren, um die Weimarer Republik und ihr Scheitern bewußt erlebt zu haben, die wir in die Welt der Nazi-Lehren, ihres äußerlichen Glanzes und Erfolges hineingewachsen und uns zu spät bewußt geworden waren, welches Un-Heil wir Deutschen gegenüber andersdenkenden, andersglaubenden, anderslebenden Menschen und zuletzt gegen uns selbst angerichtet – teilweise mitverschuldet – hatten. Kein Wunder, daß viele zunächst »die Nase voll« hatten – von jeder Politik und allen Idealen.

Dennoch, so dachte ich: Wir waren andererseits diejenigen, die noch jung, stark, einsichtig und umkehrfähig genug waren, um wirklich ganz von vorne anfangen zu können: nicht im »Büßergewand«, wie heute oft abfällig behauptet wird, sondern im Bewußtsein unserer Erfahrung und unserer Mitverantwortung »vor Gott und den Menschen« – wie es dann später in der Präambel des Grundgesetzes heißt.

Von der »mittleren« Generation war wenig zu erwarten, allenfalls noch von den »gestandenen« Weimarianern... Wie also weitermachen? Wie neu anfangen?

Sehr bald schon zeichneten sich unter uns Nachkriegs-Deutschen hierfür (sehen wir von den unverbesserlichen Nazis ab) *drei* Richtungen ab. Eine, die wirklich »aufarbeiten« und ganz neu anfangen wollte, eine zweite, die – ohne persönliche Schuldgefühle zu empfinden – möglichst rasch vergessen und die eigene Existenz sichern wollte, und eine dritte – und das war die eigentlich mißbrauchte Kriegsgeneration –, die (verständlicherweise) über lange Jahre mit ihrem Schicksal haderte und sich nur sehr zögernd mit den demokratischen Neuanfängen befreunden konnte oder wollte. Ähnliche Einstellungen begegnen mir heute in Gesprächen mit ehemaligen DDR-Bürgern.

In der Wirklichkeit der Jahre bis 1949 verliefen demzufolge

die politischen Anfänge schwierig, wechselvoll, wenig ideal, zeit- und teilweise sogar entmutigend. – Die meisten der entwurzelten Menschen konnten oder wollten nichts einsehen: Man hatte überlebt, nun war man mit dem Weiterleben und sich selber vollauf beschäftigt.

Viele haderten und grollten mit ihrem Schicksal und den Nachkriegszuständen: »Und das soll Demokratie sein!?«, war eine der gängigsten Redewendungen, wenn man für das Nötigste stundenlang anstehen mußte, wenn man sich auf überfüllten Bahnhöfen in überfüllte Züge drängelte, wenn die Lebensmittelrationen neuerlich gekürzt wurden und der Schwarzmarkt blühte. Es höhnte dann oft verbittert: »Da habt ihr sie nun, eure Demokratie«. – Ja, da hatten wir sie! Aber unter welchen Bedingungen?!

*

Anfangs überwogen Verwirrung, Desinteresse, Skepsis. Wer sollte, wer mußte für all das schreckliche, grauenhafte Geschehen die Verantwortung übernehmen, wer die Schuld tragen? Die ehemaligen Parteigenossen – die großen oder die kleinen? Die Durchhalteschergen, die Denunzianten? Die Gutgläubigen oder die Mitläufer? – Wer sollte, durfte, wollte neue Verantwortung übernehmen?

Zunächst nahmen uns die westlichen Siegermächte diese Probleme ab. Sie setzten Nicht- oder Anti-Nazis für die ersten Anfänge der Selbstverwaltung und Versorgung ein. Sie kümmerten sich um herumirrende Kinder, ehemalige KZ-Häftlinge und sogenannte DP›s (im Zuge des Kriegsendes heimatlos herumirrende Zwangsarbeiter, KZ‹ler – genannt »displaced persons«). Obgleich »Fraternization« (Kontakte zwischen Soldaten und Deutschen) offiziell verboten war, gab es sehr rasch politische, neugierige und auch bald amouröse Begegnungen, die meist sehr viel offener und herzlicher waren als in den späteren Jahren während der »Stationierung« alliierter Soldaten nach 1950.

Die »Amis« hatten eine sogenannte »Weiße Liste« mitgebracht, die später ergänzt wurde. Das war eine Kartei mit etwa 1.500 Namen von Personen, die – als ausgewiesene Anti-Nazis

– zum politischen und kulturellen Neuanfang herangezogen werden sollten (viele, später bekannte Bundespolitiker waren darunter, auch ich). 1.500 Personen – das war nicht mehr als ein Tropfen im Meer der echten, halbechten und mitgelaufenen Nazis. Was sollte mit denen geschehen?

Mit der bald nach Kriegsende einsetzenden sogenannten »Entnazifizierung« begannen die Siegermächte ein ausgetüfteltes bürokratisches Verfahren, in dessen Verlauf eine ehrliche Auseinandersetzung über Schuld, Verantwortung und Sühne eher verhindert als gefördert wurde. Leider wurde damit aber auch der Keim fürs Verleugnen und Verdrängen gelegt. Wenn man die bald in deutsche Verantwortung übertragene »Spruchkammer« hinter sich hatte, war man eben »entnazifiziert« – dies war ein einmaliger Vorgang, eine Art politische »Entlausung«. Die formalistisch bürokratische Prozedur fragte nicht nach *persönlicher* Einsicht und Umkehr, mit der Folge, daß Millionen als »Mitläufer« Eingestufte ihre meist geringfügigen Geldstrafen einfach »wegsteckten«. Mit der sich nach und nach entwickelnden Demokratie begannen sie sich erst allmählich im Laufe des »Wirtschaftswunders« anzufreunden. Noch Ende der 50er Jahre hielten über die Hälfte (57%) der befragten Westdeutschen »die Ziele der Nationalsozialisten für eine gute Idee, wenn auch schlecht ausgeführt«. Nur 25% hielten sie für keine gute Idee.

Wie es um das Gewissen der Mehrheit der Deutschen in den ersten Nachkriegsjahren wirklich bestellt war – ich wage es noch heute nicht zu beurteilen. Aus eigenem Erleben erinnere ich mich: Wenn ich »Bekannte« aus der Hitlerzeit wiedertraf, dann beteuerten sie, schon immer »dagegen« gewesen zu sein. Auch erbaten sie oft von mir zur Bestätigung vor der Spruchkammer sogenannte »Persilscheine«. Sie schienen nur um sich besorgt. Von den ungezählten Opfern, vom Widerstand, vom Martyrium der um ihres Glaubens, ihrer Rasse, ihrer politischen Überzeugung willen Gemordeten, Vergasten, körperlich und seelisch Zerstörten wollten sie zuallermeist nichts wissen und hören.

Theodor Heuss sollte recht behalten: Das hätte eines »ungeheuren seelischen Prozesses« bedurft, aber dessen waren damals die wenigsten unter den vielen Betroffenen fähig. Zunächst überwog die von Heuss befürchtete »Flucht in Ausreden« und ins Vergessenwollen.

Wie »rechnet« eine demokratische Gesellschaft nachträglich mit politischen Irrtümern, Fehlverhalten, Machtmißbrauch und Unterdrückung »ab«? – Auch in der ehemaligen DDR wird es hier noch schmerzliche Prozesse geben. Kollektive Verurteilungen, pauschale »Abwicklungen« – wie geschehen – das erweist sich neuerlich als falscher Weg.

*

Ich konnte und wollte damals nicht glauben, daß dieser Verlauf der sogenannten »Entnazifizierung« die einzige Konsequenz aus dem Versagen während der Nazizeit sein sollte.

Ich gehörte zu den jungen Deutschen, die – nach den Jahren der Unfreiheit – von den Möglichkeiten der Freiheit geradezu berauscht waren. Wie durch ein Wunder hatte ich, knapp 24jährig, in München das Inferno des Krieges und den braunen Terror – dem Angehörige meiner Familie und todesmutige Altersgefährten zum Opfer gefallen waren – mit Hilfe meines mutigen Doktorvaters, des Nobelpreisträgers Heinrich Wieland, äußerlich unbeschädigt überlebt. Nun war ich entschlossen und voller Tatkraft, am Neuanfang mitzuarbeiten.

Nie wieder wollte ich mich in Denk- und Verhaltensmuster zwingen lassen, die ich nicht selber für richtig und nötig empfand. Folgerichtig faßte ich meinen ersten emanzipatorischen Entschluß und schockierte meine Familie und Freunde mit der Ankündigung, daß ich mich politisch engagieren wollte. Zunächst allerdings nur als Journalistin und mit der Feder, im Rahmen der mir zuwachsenden Aufträge als junge wissenschaftliche Mitarbeiterin im Redaktionsstab der »Neuen Zeitung«, dem amerikanische und deutsche Journalistenprofis angehörten. Das war ein bunt zusammengewürfelter Haufen hervorragender Journalisten und Publizisten, teilweise Emigranten, die nun in amerikanischer Uniform zurückgekehrt waren (um nur einige zu nennen: Hans Habe, Hans Wallenberg, Jella Lepmann, die später in München die erste internationale Jugendbibliothek gründete), und auch die vielen wackeren Antinazis, die irgendwie überlebt hatten (von Erich Kästner und Friedrich Luft über Walter von Cube zu Robert Lembke). Und dann gab es uns junge Eleven der Freiheit und Demokratie (u.a. Alfred Andersch, Heinz Friedrich, Peter Boenisch und in Berlin Egon Bahr).

Ich war die mit Abstand Jüngste und konzentrierte mich aufs Zuhören und Lernen. Im übrigen schrieb ich mir über drei Jahre lang die Finger wund über die Notwendigkeit von Schul- und Hochschulreformen, über die Bedeutung der Erwachsenenbildung und der Demokratisierung des Zusammenlebens. Vor allem beschäftigten mich in diesen ersten »Trümmerjahren« Jugend- und Frauenfragen.

Wegen eines anschaulich-kritischen Artikels über die desolaten Verhältnisse in der französisch besetzten Zone wurde die »Neue Zeitung« dort tatsächlich für ein paar Wochen verboten. Damit hatte ich zum erstenmal politisch Ärgernis erregt.

Jetzt bin ich bei den eigenen politischen Anfängen, von denen ich berichte, nicht weil sie besonders sensationell gewesen wären, sondern weil sie symptomatisch sind für die damalige Aufbruchsstimmung ins demokratisch Unbekannte und Unsichere.

1947 faßte ich meinen zweiten, weit folgenreicheren emanzipatorischen Entschluß: Ich kandidierte auf Platz 7 der Stadtratsliste der FDP in München. Zur FDP war ich kurz zuvor, auf der Suche nach einer »politischen Heimat« gestoßen. Auch die Umwege bis dahin waren symptomatisch.

Anfang 1946 hatte mich der wackere Nazigegner und von den Amerikanern eingesetzte Münchner Oberbürgermeister Scharnagl im vergleichsweise komfortablen Dienstauto auf eine oberbayerische Kommunalwahlkampffahrt mitgenommen: In jedem Ort, in dem eine Versammlung stattfinden sollte, wurde zunächst bei »Hochwürden« Kaffee getrunken, dabei von bäuerlichen Fleisch- und Fettquellen und »guten alten Zeiten« gesprochen. Dann ging es in den Gasthof, wo sich die örtliche CSU-Parteiprominenz – ausschließlich Männer – wenig zahlreich, bei dünnem Bier, eingefunden hatte. Der Redner sprach vor allem vom Leid und von den christ-katholischen Werten, die es nun politisch wieder durchzusetzen gelte. Die Anwesenden nickten dazu andächtig und beifällig, obgleich die meisten das noch ein Jahr zuvor wohl anders gesehen hatten – wie mir ein anwesender Reporter zuflüsterte: Man wähle hier eben »christlich«, weil die es mit der braunen Vergangenheit nicht so genau zu nehmen versprochen hätten.

Ähnliches erlebte ich übrigens vierzig Jahre später, am historischen Wahlabend des 18. März 1990. Als die ersten Hochrechnungen in der – damals noch – DDR einen überwältigenden Wahlsieg der CDU alias »Allianz für Deutschland« ankündigten, murmelte mein Nachbar – ein hoher protestantischer Würdenträger – vor sich hin: »Ich wußte gar nicht, daß es bei uns in der DDR noch so viele Christen gibt!« – Ja, die Deutschen und ihre wechselnden Glaubensbekenntnisse!

Damals wurde meine erste Nach-Hitler-Wahlkampferfahrung zu dem, was man heute ein politisches »Schlüsselerlebnis« nennt: Ich wußte – obgleich durch ein christliches Elternhaus und eigene Glaubensüberzeugung geprägt –, daß ich nie und nimmer einer sogenannten »christlichen« Partei beitreten würde. Das waren nicht die demokratischen Ziele, für die ich kämpfen wollte. Wohin aber dann?

Zu den Sozialdemokraten, den einzigen Demokraten, die den Nazis wirklich widerstanden hatten? Dazu war ich nun wieder viel zu bürgerlich geprägt, auch scheute ich neuerlichen Familienzwist, der ohnehin ob meines beginnenden politischen Engagements schwelte.

Der Zufall brachte dann die Entscheidung: eine Begegnung mit dem damaligen »Kult«minister von Württemberg-Baden, Theodor Heuss, im Herbst 1946. Ich entschied mich für die freien Demokraten, weil dieser erste wirklich freie Demokrat so überzeugend von der sonst von anderen Deutschen so wenig überzeugend vertretenen Demokratie sprach, weil er mir auch sonst überaus sympathisch war und weil er eine Frau hatte, die ich noch am selben Abend kennenlernte und die mir bei dünnem Pfefferminztee und harten Roggenmehlkeksen vermittelte, daß mein Ziel, mich als Frau politisch zu betätigen, etwas durchaus Notwendiges und Unterstützungswürdiges sei. Dies hörte ich zum erstenmal. Elly Heuss-Knapp hatte es von Jugend an unter damals noch weit schwierigeren Bedingungen getan.

Damit hatten die beiden Heussens Schicksal gespielt, indem sie mir auf den politischen Weg halfen. Zunächst empfahl mich Heuss an Bayerns führenden »freien Demokraten«, an den temperamentvoll glühenden – später ersten Justizminister – Thomas Dehler, den ich schon einmal getroffen hatte, als ich 1944 meine beiden Brüder im »Zwangsarbeitslager« in Rositz/Thüringen illegal mit Lebensmitteln versorgt hatte. Dort und in ähnlichen »Lagern« (Vorstufe von KZs) waren – wegen nichtreinarischer Abstammung oder Versippung – »wehrunwürdige« Männer zur Zwangsarbeit inhaftiert. Irgendwie war es mir über Dorfbewohner gelungen, mit den Brüdern auf ihren Baustellen Verbindung herzustellen und ihnen Nahrungsmittel zuzuschanzen. Auch Dehler profitierte damals von meinen Brosamen – wie er mir später erzählte. Nun wurde er so etwas wie mein politischer »Mentor«, der mir in der Folgezeit mehr als einmal aus der Parteipatsche half (vgl. S. 60).

Ab 1947 besuchte ich dann FDP-Veranstaltungen, in denen über alles mögliche debattiert wurde, nur nicht über die braune Vergangenheit und die Konsequenzen für ein freiheitliches Gemeinwesen. Mein Interesse an dieser Art politischer Betätigung flaute gerade ab, als ich Ende 1947 gefragt wurde, ob ich nicht für den Münchner Stadtrat kandidieren wollte. Ich hatte keine Ahnung, was das bedeuten würde, sagte aber Ja und fand sehr bald Spaß daran. Da es vor der Währungsreform weder Wahlwerbung noch Papier oder Plakate dafür gab, klebte ich mit einigen anderen »Jungen« alte Tüten zusammen, malte mit Wasserfarben meinen damaligen Wuschelkopf darauf und schrieb darunter: »Verjüngt den Stadtrat – wählt Hildegard Brücher«, klebte etwa acht davon an Schwabinger Ruinenwände – und erhielt genügend persönliche Stimmen (Häufelstimmen), um auf den zweiten Platz vorgewählt zu werden.

Ich war die mit Abstand und auf Jahre Jüngste unter 40 ehrenwerten, vom Unheil und Unglück geläuterten Kollegen. »Parteienhader« im heutigen Sinn gab es nicht, kaum je persönliche Fehden. Wir hatten alle ein gemeinsames Ziel: den Aufbau einer Demokratie und – nie wieder Diktatur!

*

Ohne Unterstützung und Hilfe der westlichen Sieger- und Besatzungsmächte hätten wir das wohl nicht, oder nur unter noch größeren Schwierigkeiten, als sie ohnehin zu bewältigen waren, geschafft. Ich weiß nicht, womit wir uns schwerer taten: mit den Nachkriegs- und Nach-Hitler-Nöten oder den ersten demokratischen Gehversuchen auf eigenen Füßen. Den Älteren steckte der Fehlstart und das Scheitern der Weimarer Republik noch in den Knochen, und wir wenigen Jüngeren hatten außer unserer Tatkraft keinerlei Kenntnisse und Erfahrungen. Für mich steht fest: Ohne den materiellen (man denke nur an die großzügige Marshallplan-Hilfe der Amerikaner), politischen und auch moralischen Rückhalt der Alliierten, denen wir die eigentlichen Startbedingungen für unsere demokratische Entwicklung zu verdanken hatten, wäre der Demokratisierungsprozeß sicher viel problematischer verlaufen oder gar gescheitert. Dazu noch weitere Umfrageergebnisse:

1949, kurz vor der Gründung der Bundesrepublik, gaben 40% der Befragten an, daß ihnen »das Grundgesetz gleichgültig« sei, nur 21% interessierten sich dafür. Noch 1951 kannte es gerade die Hälfte der Bundesbürger (51%). Bei derselben Umfrage gaben 32% an, daß es besser sei, wieder einen Kaiser oder König zu haben (nur ein Drittel lehnte diesen Gedanken ab, 32% war es gleichgültig).

1948, in dem Jahr, als ich zum erstenmal Stadträtin in München wurde, gaben bei der Allensbacher Umfrage 43% der befragten Jugendlichen an, »ziemlich wenig« an Politik interessiert zu sein, 23% überhaupt nicht, 25% neben anderen Interessen, und nur 2% nannten Politik als Hauptinteresse.

Für eine revolutionäre Auseinandersetzung mit den NS-Schergen, für eine Reinigung und demokratische Erneuerung aus eigener Kraft hätten diese »Potentiale« nicht gereicht. Wahr ist: Wir Deutschen hatten kein eigenes politisches Konzept für die Ära nach Hitler. Wir konnten es wohl auch nicht haben, schon mangels einer vorplanenden politischen Opposition. Spätestens seit dem 20. Juli 1944 war ja jede Form des Widerstandes zerschlagen, als »Hochverrat« denunziert, und die Widerstandskämpfer waren erschossen oder gehenkt worden.

1.500 politisch total unbescholtene Deutsche in der US-Besatzungszone – das hätte nicht einmal gereicht, um die notwendigsten Verwaltungseinheiten in Bürgermeister- und Landratsämtern zu besetzen. Nachträglich nannte man sie die »Männer der ersten Stunde«. Frauen gab es zunächst keine. Sie tauchten nur als alleinverdienende und -erziehende »Trümmerfrauen« auf, die den Schutt wegräumten, den die gescheiterte Männerherrschaft hinterlassen hatte. Erst später gab es Frauen wie Louise Schröder, Marie-Elisabeth Lüders, Christine Teusch.

Die Amerikaner fragten die Leute von der »Weißen Liste«, wer wohl noch für erste Verwaltungsaufgaben in Frage kommen könnte, und diese wurden dann eingesetzt. Viele mußten nach einigen Wochen oder Monaten wieder gehen, wenn sich herausstellte, daß ihr Fragebogen erhebliche braune Flecken aufwies.

Mein späterer Mann, der bereits im Mai 1945 vom wieder eingesetzten Anti-Nazi Oberbürgermeister Anton Scharnagl als »Sozialreferent« vorgeschlagen und von den Amerikanern »genehmigt« worden war, schilderte mir diese Anfänge ohne jede Wehleidigkeit: Jeder Tag war ein einziges Chaos. Wohin mit den großen und kleinen Nazis, den Hitlerbildern, die in jedem besseren Dienstzimmer hingen? Wohin mit all den Nazi-Verordnungen? Und was an ihre Stelle setzen? Wie sollte die notdürftigste Unterbringung und Versorgung der Obdachlosenströme geleistet werden? Das Schlimmste seien die Flüchtlingszüge gewesen, die nach München rollten und deren erschöpfte Insassen einfach nicht mehr untergebracht werden konnten, bis es irgendwie gelang, den einen oder anderen Zug weiterzuleiten. Die Flüchtlinge übervölkerten die letzten noch brauchbaren Klassenzimmer und Wirtshaussäle. Vergleichsweise sind Asylsuchende heute komfortabel untergebracht.

Jeden Tag seien auf langen Listen die Namen der städtischen Bediensteten erschienen, die von den »Amis« entlassen worden waren. Dabei traf es auch »brave Leute«, die sich wirklich nichts hatten zuschulden kommen lassen. Es zeigte sich schon bald, daß der bürokratische Weg der Fragebogen-Entnazifizierung in einer Sackgasse enden mußte und wirkliche Einsicht, Umkehr und einen Neuanfang verhinderte. Das sollte sich als Geburtsfehler mit lang nachwirkenden Folgen auch für die spätere Bundesrepublik erweisen (vgl. III., 1.–3.).

In den Jahren bis zu ihrer Gründung nahmen uns die westlichen Siegermächte nicht nur die Prozesse gegen hauptverantwortliche Politiker, Wirtschaftsführer, Diplomaten, KZ-Personal, Ärzte u.a. ab, sondern auch die ersten Schritte zur Demokratiewerdung. Sie lizensierten Zeitungen, Rundfunk und politische Parteien, sie überprüften Programme und Personen, sie machten Vorgaben zur Schul- und Hochschulreform, sie ermutigten zur Gründung demokratischer Organisationen, so z. B. auch von Frauenverbänden, die während der Nazi-Jahre verboten gewesen waren. Amerikaner luden zu Diskussionen und Konferenzen aller Art ein, sie rüffelten obrigkeitshöriges Denken und Verhalten. Sie setzten fest, wann welche Regierungen wo eingesetzt wurden, Länder-Verfassungen ausgearbeitet und Wahlen durchgeführt werden sollten.

Ebenso wenig wie wir uns von der Nazi-Diktatur aus eigener Kraft hatten befreien können, hätten wir die Anfänge und Grundlagen für ein demokratisches Gemeinwesen geschafft.

Weshalb ich das alles berichte? – Wenn ich diese ebenso mühsamen wie bescheidenen demokratischen Anfänge mit denen in den neuen Bundesländern vergleiche, so sehe ich überhaupt keinen Anlaß, Ungeduld oder gar selbstgerechte Überheblichkeit gegenüber »unseren Brüdern und Schwestern« zu zeigen. Zum einen, weil wir es nach 1945 nicht besser gemacht haben, zum anderen, weil für die Deutschen im sowjetisch besetzten Teil Deutschlands die Unfreiheit noch mehr als dreimal so lange gedauert hat wie bei uns.

*

Doch zurück zu den Anfängen unserer nach 1945 nicht-erkämpften Demokratie: Mit der Neu- oder Wiedergründung demokratischer Parteien wollte es – ausgenommen die SPD – auch nicht so recht vorangehen. Nur wenige Mitglieder waren aus der Zeit vor 1933 übriggeblieben, und von der Generation, die danach herangewachsen war, hatten die allermeisten genug. Ihr Idealismus sei mißbraucht worden – nun wollten sie nie mehr etwas mit Politik zu tun haben. Die Zeichen standen also nicht gut, und ich weiß aus eigener Erfahrung, daß zwischen der Generation der »Weimarianer« wie Adenauer, Heuss und Schumacher und der erst Ende der 50er Jahre allmählich nachrückenden Generation der Schmidts, Barzels und Mendes eine Lücke klaffte, die nie ganz geschlossen wurde. Die im Krieg dezimierten Jahrgänge der 20er Jahre haben damals für einen überzeugenden Neuanfang und später für eine kontinuierliche Demokratisierung sehr gefehlt. Nicht minder schmerzlich war die qualitative Lücke, die durch die Vernichtung der politischen Gegner, durch Vertreibung und Verfolgung der kulturellen Elite oder deren Emigration entstanden war.

Die wenigen, die Ende der 40er Jahre den Mut hatten zurückzukehren – stellvertretend seien Ernst Reuter und Willy Brandt genannt, überwiegend waren es Sozialdemokraten, nur wenige Konservative, und von den Liberalen nicht mehr als eine Handvoll –, hatten anfangs einen ziemlich schweren Stand: Sie trafen auf Mißtrauen, Apologetik, Selbstmitleid und nur selten auf ein vorbehaltlos freudiges Willkommen. Brandt hat das während infamer Wahlkampagnen und durch schändliche Pamphlete, in denen zum Beispiel auf seine uneheliche Geburt – »ein gewisser Herr Brandt alias Frahm« – angespielt wurde, bis in seine Kanzler-Zeit zu spüren bekommen.

Einige Sozialdemokraten – wie Wilhelm Hoegner und Waldemar von Knoeringen in Bayern – brachten aus der Emigration in der Schweiz und in England demokratische Impulse in ihre Heimat zurück. Hoegner brachte vor allem die Möglichkeit von Volksbegehren und Volksentscheid, die in der bayerischen Verfassung verankert wurden. Damit gab es zwei plebiszitäre Möglichkeiten, die ich Mitte der 60er Jahre zum erstenmal zur Abschaffung der fanatisch verfochtenen konfessionellen Trennung der Kinder in den bayerischen Volksschulen erfolgreich nutzte. Knoeringen focht eindrucksvoll dafür, die Bedeutung von Schule und Bildung für die Grundlegung einer demokratischen Gesellschaft bewußt zu machen.

Bis sich diese Impulse auswirkten, sollten noch Jahrzehnte

vergehen. In meinen ersten beiden Stadtratsjahren war jedenfalls der Begriff Demokratie noch keineswegs positiv belegt. Immer wenn es Ärger gab mit der Versorgung oder die Verhältnisse sich nicht besserten, hieß der geflügelte Ausdruck: Und *das* soll Demokratie sein? – Oder noch unverblümter: Das hat aber unter Hitler wirklich besser geklappt! – Da konnte ich dann fuchsteufelswild werden! Denn es ging zwar langsam, aber spürbar besser.

*

Theodor Heuss wirkte seit September 1948 im Parlamentarischen Rat an der Ausarbeitung einer gemeinsamen Verfassung für einen westdeutschen Staat mit und erreichte sehr viel Wichtiges, Gutes und Bleibendes. Nur mit einer in der Verfassung garantierten uneingeschränkten Gleichberechtigung von Mann und Frau hatte er zunächst nicht viel im Sinn. Jedenfalls hatte ich Anfang 1949, auf Anregung einer älteren sozialdemokratischen Stadtratskollegin, eine »Protesteingabe« an die Mitglieder des Parlamentarischen Rates mitunterzeichnet, in der wir uns nachdrücklich für die Gleichberechtigungsformulierung der Sozialdemokratin Elisabeth Selbert stark machten. »Waschkörbe« voll solcher Frauenproteste sollen den Parlamentarischen Rat erreicht haben. Das war der erste demokratische Massenprotest, an den ich mich erinnern kann. Er hatte Erfolg und weittragende Folgen für die Zukunft, von denen noch die Rede sein wird. In der letzten Lesung des Gleichberechtigungsartikels gaben die Männer klein bei, und Theodor Heuss umschrieb den Rückzug so:

> »Ich bin zufrieden, daß wir diese Aussprache noch einmal gehabt haben. Aber ich möchte nicht draußen unwidersprochen den Eindruck entstehen lassen, daß jetzt dieses Quasi-Stürmlein uns irgendwie beeindruckt und uns zu einer Sinnwandlung veranlaßt hat. Denn unser Sinn war von Anfang an so, wie sich die aufgeregten Leute draußen das gewünscht haben.«

Nun, ich gehörte ja auch zu den »aufgeregten Leuten« weiblichen Geschlechts. Unterdessen hatte ich bereits einige Erfahrungen damit gesammelt, wie teils gönnerhaft, teils patriarchalisch die »Kollegen« mit den wenigen Frauen im Münchner Stadtrat im allgemeinen und mit mir im besonderen umgingen. Ich mußte lernen, mich zu behaupten und dem – immer auch mal anzüglichen – Gehabe ebenso zu widerstehen wie den mehr oder weniger massiven Einschüchterungsversuchen.

Zur ersten Bundestagswahl im August 1949, die der Verabschiedung des Grundgesetzes am 8. Mai 1949 und seinem Inkrafttreten nach der Annahme durch die Länder in den westlichen Besatzungszonen – außer Bayern – folgte, wurde ich als westzonenweit jüngste Wahlkreiskandidatin in München Nord aufgestellt, womit meine einjährige engagierte Stadtratstätigkeit »anerkannt« werden sollte. Während der ersten und einzigen Wahlversammlung mit unserem seit Dezember 1948 amtierenden FDP-Vorsitzenden Theodor Heuss »durfte« ich sogar in der ersten Reihe sitzen und hören, was unser späterer Bundespräsident über »die Zukunft unserer Demokratie« zu sagen hatte. Wieder war ich von seinen ebenso sachkundigen wie inspirierenden Gedankengängen überzeugt und begeistert. Die nun geschaffene Verfassung könne nur die *Eckwerte* eines freiheitlichen Gemeinwesens festlegen, sagte er – aber die waren aufregend genug: einklagbare Grundrechte, Freiheiten, von denen wir in der Nazi-Zeit nicht einmal hatten träumen können, ebenso wenig wie von der rechtsstaatlichen Ordnung, der Abschaffung der Todesstrafe, der Gleichberechtigung von Mann und Frau... Entscheidend seien nun die »Lebensformen«, die wir daraus entwickeln würden. Damit meinte er »Demokratie als Lebensform«, die Konkretisierung und Vollendung der geschriebenen in einer gelebten Verfassung.

So wurde der freie Demokrat Heuss für mich neuerlich zum Vorbild. Ich freute mich unendlich, als ich – nun schon in den USA als erste deutsche Stipendiatin an der Harvard Universität – erfuhr, daß »mein erster Demokrat« Bundespräsident – also der *erste Demokrat aller Westdeutschen* – geworden war.

Während meines Studienjahres in Harvard (1949–50) lernte ich viel über Demokratie in Theorie und Praxis, über ihre immerwährenden Chancen zu Erneuerung und Verbesserung, aber auch über ihre Gefährdungen. Ich half in einer Studenten-Initiative, den korrupten Bürgermeister von Boston zu stürzen, engagierte mich neben den großzügigen Studienmöglichkeiten in der »Leage of Women Voters«, einer überparteilich einflußreichen und gefürchteten Frauenorganisation, und in der »Parent-Teacher-Organization«. So wurde mein *»grass-root*-Demokratieverständnis« auf Dauer geprägt:

- Demokratie ist jedermanns Sache.
- Demokratische Schulen und Hochschulen müssen allen jungen Menschen mit gleichen Bildungschancen offenstehen.
- Frauen müssen am öffentlichen und vor allem politischen Leben nicht nur gleichberechtigt, sondern beispielgebend teilnehmen.
- In der Schulerziehung müssen alle Beteiligten und Betroffenen zusammenwirken.

Nach zehn Monaten USA kam ich – nach bayerischem Demokratieverständnis – als Revolutionärin zurück. Nur vier Monate später hatte ich mir mit meinen neugewonnenen Erfahrungen ein Mandat für den Bayerischen Landtag erkämpft.

*

Traum und Trauma der ersten Jahre nach Ende der Nazi-Diktatur – beides gehörte zusammen und bedingte einander. Ich denke, daß es uns nicht erlaubt ist, diese ersten Jahre nach der Befreiung nostalgisch zu verklären, wir dürfen sie aber auch nicht dramatisieren. Aus heutiger Sicht sind es drei »Geburtsfehler«, die aus den vier Jahren des Interregnums zwischen Kriegsende und Gründung der Bundesrepublik Deutschland in den eigentlichen politischen Neuanfang hineingetragen wurden:

- Die sogenannte Stunde »Null« erwies sich allenfalls als eine halbe Stunde. Die meisten großen und kleinen Nazis kamen – abgesehen von vorübergehenden Mißlichkeiten – mit heiler Haut davon.

- Das Ausmaß der Verstrickung, Mitverantwortung, politischer Irrtümer etc. blieb, abgesehen von den ersten Schocks und Erschütterungen, unaufgearbeitet.
- Die neue demokratische Ordnung, die uns die »Sieger« Stück für Stück offerierten, stand auf schwachen Füßen. Sie wurde weder besonders leidenschaftlich ersehnt, noch wurde sie aus eigenem Wollen und eigener Kraft erkämpft.

Der demokratische Anfang in der ehemaligen DDR – fünfundvierzig Jahre später – wie könnte er reibungsloser oder mit weniger Problemen belastet verlaufen als damals der Neubeginn im glücklicheren Westen?

2. Anfänge und Stagnation (1950–1969)

Im Frühherbst 1949 war Deutschland endgültig in zwei Staaten und damit in zwei konträre Weltanschauungssysteme geteilt. Eigentlich hätte das unser freiheitliches System inspirieren und beflügeln können. Welch eine Chance für eine Demokratie, die aus der Erfahrung der »braunen« und jetzt auch einer »roten« Diktatur im anderen Teil Deutschlands freudig, ja leidenschaftlich Freiheit und Verantwortung als kostbare Werte erkennen und sie wirklich wagen und stärken würde! Leider erfüllten sich solcherlei Hoffnungen nicht. Wir hatten zwar die demokratische Staatsform und bald auch ihre Institutionen installiert, aber es gab so gut wie keine Ansätze für demokratische Lebens- und Verhaltensformen. Was nach 1949 zählte, waren der wirtschaftliche Wiederaufbau und die Chance, im Gefolge des Kalten Krieges zum westlichen Verbündeten zu reussieren. Und das kam so:

*

Nur neun Monate nach der Gründung der Bundesrepublik – fünf Jahre nach Ende des Zweiten Weltkrieges – brach am 25. Juni 1950 der Korea-Krieg aus. Falls es je so etwas wie die »Stunde Null« gegeben haben sollte – jetzt war sie endgültig vorbei! Die gerade erst vom Nationalsozialismus und Militarismus samt ihren Repräsentanten und Handlangern »befreiten« Deutschen rieben sich erstaunt und erschrocken die Augen, als sie in der Zeitung lasen, daß sie im Rahmen eines wie auch immer gearteten europäischen Verbundes wieder bewaffnet werden sollten. Gemunkelt hatte man es ja schon lange. Bundeskanzler Adenauer soll es sogar den westlichen Siegermächten angeboten haben, wohl wissend, daß dies der rascheste und sicherste Weg für die Rückkehr der Bundesrepublik in die europäische und westliche Völkergemeinschaft werden würde. Adenauer wollte – und damit hatte er *außenpolitisch* recht – die noch nicht stabilisierte Bundesrepublik nicht den Gefährdungen und Unwägbarkeiten einer Existenz zwischen den großen Machtblöcken oder gar dem Zugriff der Sowjetunion aussetzen. Er wollte keinen neuen »Sonderweg« der Deutschen, vielmehr außen- und sicherheitspolitisch den Schutz und Schild der Westmächte. Hierzu sollten die Deutschen einen Beitrag leisten. Durch diesen klaren Kurs wurde die Bundesrepublik bald zu einem wirtschaftlich, militärisch und politisch geachteten Partner des Westens. Und es zahlte sich – auch wirtschaftspolitisch – aus.

Innenpolitisch aber war der Preis, der dafür bezahlt werden mußte, hoch. Damals erlebte der junge, politisch noch nicht einmal flügge gewordene deutsche Halbstaat seine ersten innenpolitischen Stürme. Die leidenschaftliche Ablehnung einer »Re-militarisierung« einerseits und die Zustimmung andererseits, die bis zu klammheimlicher Begeisterung ging, erregten die öffentliche Meinung. Die Stammtische hatten erstmals wieder Hochkonjunktur.

Schon im Oktober 1950 wurde im Kanzleramt die damals so genannte »Dienststelle Blank« (benannt nach dem späteren ersten Verteidigungsminister, dem unverdächtig honorigen »linken« CDU-Mann Theodor Blank) installiert. Zuvor war am 29. August der in der Evangelischen Kirche hochangesehene

CDU-Innenminister Gustav Heinemann* aus Protest gegen die Wiederbewaffnung – in der er eine Preisgabe der Wiedervereinigung sah – zurückgetreten, ein Fall, der der einzige in unserer Geschichte bleiben sollte: der freiwillige Rücktritt eines Bundesministers, aus Gewissensgründen ... ohne Druck oder Skandale – das hat es in der Geschichte der Ministerrücktritte bei uns nicht wieder gegeben.

Die »Wiederbewaffnungsdebatte« und der ideologische Kalte Krieg gaben der jungen Bundesrepublik mächtigen Auftrieb. Politisch nicht nur erfreulichen. Von den alten Nazis, die ja schon immer gewußt hatten, daß Rußland »der Erbfeind« aller Deutschen und Europäer war (Frankreich wurde in diesem Zusammenhang »heruntergeschluckt«), über die Militärs, die ihre baldige Rückkehr in den erlernten Beruf erhofften, bis zur – seit der Währungsreform – aufblühenden Wirtschaft, deren alte Bosse, nach einer Zeit etlicher Unannehmlichkeiten, wieder die neuen waren – sie alle hofften und waren davon überzeugt, nun wieder gebraucht zu werden. Und sie sollten recht behalten!

Wir »jungen«, sehr idealistischen Demokraten hingegen taten uns unendlich schwer mit der unerwartet raschen Renaissance all dieser – nach unserer Überzeugung – doch ein für allemal diskreditierten Männerseilschaften und -bünde. (Von ähnlichen Entwicklungen ist heute aus den neuen Bundesländern zu hören.)

Jedenfalls hatte dieser Umschwung in der Politik der Alliierten und ihrer »Policy« gegenüber Schuldigen und Mitschuldigen eine spürbare Restauration in fast allen politischen und gesellschaftlichen Bereichen zur Folge. Sogar der Antisemitismus ließ sich wieder sehen und hören. Fast ein Viertel der Bundesbürger waren und sind dafür mal mehr, mal weniger anfällig.

---

* Gustav Heinemann gründete nach seinem Rücktritt die »Gesamtdeutsche Partei« und trat nach ihrem Scheitern bei den Bundestagswahlen 1953 mit seinen besten Leuten wie Johannes Rau und Diether Posser der SPD bei. In den 60er Jahren wurde er als Justizminister zu einer Symbolfigur für die innen- und außenpolitischen Reformen. 1969 wurde er mit der knappen Mehrheit von SPD und FDP zum dritten Bundespräsidenten gewählt.

Den Neo-Nazismus bekam ich 1954 im Kommunalwahlkampf hautnah zu spüren und schrieb einen zornigen Artikel, der einiges Aufsehen erregte. Unter der Überschrift »Kein Recht mehr auf Irrtum« heißt es da:

»Unter den geladenen Kandidaten stellten sich gelegentlich auch solche frank und frei als das vor, was sie 1945/47 niemals gewesen sein wollten: als Nationalsozialisten nämlich, als Parteimitglieder ab dann und dann, Goldene oder Altpartei, SA-, SS-Führer, fördernde, NS-Ehrenmitglieder hier und dort – ich habe mir nicht alles merken können.

Zunächst hatte ich es mir auch gar nicht merken wollen, denn es ist meine tiefste Überzeugung, daß das Recht auf menschlichen Irrtum im allgemeinen und das Recht auf politischen Irrtum im besonderen zu den unentbehrlichen Menschenrechten gehört. Heute ist es wohl zu spät festzustellen, daß man das Recht auf politischen Irrtum als einzig realistischen Grundsatz und allein praktikablen Leitsatz für eine mögliche Entnazifizierung hätte akzeptieren können, aber keineswegs etwa zulassen, daß die Betroffenen mit unverwüstlicher Frechheit die demokratische Staatsform auf Schritt und Tritt verhöhnen. Es sind die gleichen, die seit dem Zusammenbruch keinen Finger für die Allgemeinheit gerührt haben, die man vergeblich in Bürgerausschüssen oder bei ehrenamtlicher wohltätiger Arbeit suchte, die nichts eingesehen, nichts bereut, geschweige denn etwas hinzugelernt haben. Sie können sich in aller Ruhe sammeln und formieren, niemand krümmt ihnen ein Haar, weil wir in einem demokratischen Rechtsstaat leben und sie den Schutz und die Freiheiten für sich beanspruchen dürfen, die sie seinerzeit nicht einem einzigen ihrer Gegner zubilligten...

Endlich [nach fast zehn Jahren] sind die demokratischen Kräfte in der Lage, sich mit dem Nationalsozialismus Aug' in Auge auseinanderzusetzen. Wer sich heute zu den neuen alten Ideen bekennt oder wiederbekennt, wer den einschlägigen Parteien oder Gruppen beitritt, ist dieses Mal politisch voll verantwortlich, er hat das Recht auf politischen Irrtum ein für allemal verwirkt...»

*

Wenn ich heute mit jungen ehemaligen DDR-Bürgern diskutiere, dann fragen sie mich oft, wie ich das denn damals erlebt hätte als junge Politikerin in der jungen Republik; ob sich meine politischen Träume für die Zeit nach Hitler eigentlich erfüllt hätten. Wahrheitsgemäß antworte ich ihnen, daß diese Träume schon Anfang der 50er Jahre immer häufiger zu Alpträumen geworden waren. Zwar hat es damals keine ausgesprochene »Renazifizierung« gegeben – wie es in der offiziellen DDR-Propaganda hieß –, aber es gab doch einen Rechtsruck im gesamten politischen Spektrum, der beachtlich und erschreckend war.

Noch alarmierender war es, daß mit der Verhärtung des Ost-West-Konfliktes und dem zuerst um Berlin entbrannten Kalten Krieg die ehemaligen Nazis ihre Rückkehr in alle Bereiche der Verwaltung, der Universitäten, der Justiz, der Wirtschaft und bald auch in die Politik vorbereiteten. Nach erfolgreich überstandener Entnazifizierung tauchten sie überall wieder auf, teilweise mit leiser oder lauter Genugtuung, teilweise geduckt, manchmal aber auch geläutert.

Im Zeichen des Kalten Krieges wurden sie mit Samthandschuhen angefaßt, zumindest mit einem, aber das reichte fürs erste Come-back. Bereits Anfang der 50er Jahre wurde die erste NS-Nachfolgepartei gegründet, die SRP (Sozialistische Reichspartei), unter dem früheren Berliner Stadtkommandanten Otto Remer, der den Aufstand des 20. Juli niedergeschlagen hatte (vgl. S. 60). Gottlob wurde sie bereits 1952 von einem unbeirrbaren Bundesverfassungsgericht als verfassungswidrig verboten. Ihre unbelehrbare, diffus-braune Ideologie geisterte aber weiter durch die Jahre und Jahrzehnte, und ihre Anhänger und Sympathisanten mußten immer von neuem integriert und beschwichtigt werden.

Im Deutschen Bundestag saßen unter den 468 Abgeordneten 58 Parteigenossen oder Männer mit ähnlicher Belastung, mindestens drei saßen im Kabinett – von der Provokation der Berufung des Kommentators der Nürnberger Gesetze, Hans Globke, zur »rechten« Hand Adenauers ganz zu schweigen. Die sogenannten 131-er * – von hell- bis tiefbraun – waren ohne-

* Art. 131 des Grundgesetzes, nach dem u. a. Personen, die nach 1945 aus dem

hin in Bausch und Bogen rehabilitiert worden. Symptomatisch für den diffusen Rechtsruck war auch, daß die Annahme des Wiedergutmachungsvertrages mit Israel am 27. März 1953 gescheitert wäre, wenn die oppositionelle SPD nicht geschlossen dafür gestimmt hätte. In der Koalition aus CDU/CSU, FDP und DP hätte sich dafür keine oder vielleicht nur eine äußerst knappe Mehrheit gefunden (vgl. S. 89).

Am Beispiel meiner eigenen Partei habe ich den Rechtsruck besonders deutlich erlebt: Vor allem in Hessen, Niedersachsen und Nordrhein-Westfalen überwogen zu Beginn der 50er Jahre in der FDP-Führung eindeutig braune Seilschaften. In NRW wurden 1953 der in der FDP-Geschäftsführung untergeschlüpfte ehemalige Staatssekretär des Propagandaministers Goebbels, Werner Naumann, samt einigen Gesinnungsgenossen von der britischen Besatzungsmacht wegen »neo-nazistischer Umtriebe« verhaftet; im Juni 1955 wurde in Niedersachsen der von der SRP zur FDP übergetretene Nazi-Verleger Leonhard Schlüter von der FDP als Kultusminister installiert. Unter dem massiven Protest der Göttinger Universität mußte er allerdings nach wenigen Tagen zurücktreten.

Der eklatanteste Ausbruch dieser Entwicklung ereignete sich auf dem Bundesparteitag in Bad Ems 1952, wo die FDP im Streit um das »Deutsche Programm« (in den Farben schwarz-weiß-rot) versus »Liberales Manifest« (in den Farben schwarz-rot-gelb) beinahe auseinandergebrochen wäre. Als junge Delegierte applaudierte ich heftig, als der wackere liberale Schwabe Reinhold Maier der neuen alten Rechten eine deutliche Absage mit den bekannten Worten des Götz von Berlichingen erteilte.

*

Wenn ich heute in meinem politischen Archiv nach Unterlagen aus dieser Zeit krame, tauchen durchweg unbehagliche Erinnerungen auf. Dabei beschreiben Begriffe wie »Wirtschaftswun-

öffentlichen Dienst entlassen worden waren, in ihre früheren »Rechte« wiedereingesetzt wurden.

der« oder »Restauration« allenfalls den Trend dieser ersten Epoche, nicht aber das Ausmaß der Wechselbäder, denen junge Demokraten, zu denen ich mich zählte, ausgesetzt waren. Hatten wir von einem wirklich demokratischen Neuanfang, von Selbstbestimmung und Mitbestimmung, von Gleichberechtigung und gesellschaftlicher Chancengleichheit nur geträumt, oder war all das falsch gewesen, was wir nach 1945 unter Demokratie verstanden hatten?

Es war zum Verzweifeln, daß diese frechen neuen alten Parolen nun nicht mehr nur getuschelt, sondern unter Beifall laut geäußert wurden! Da wurde unter Hinweis auf die »Taximörder«, die es unter Hitler nicht gegeben hätte, die Wiedereinführung der Todesstrafe gefordert. Da wurden die Widerstandskämpfer des 20. Juli als Verräter denunziert, und da wurde die Wiedergutmachung an den Opfern verschleppt. Sie verlief einfach beschämend (vgl. S. 89ff.).

Charakteristisch für diese restaurative Phase war auch der verzögerte Vollzug des Grundgesetzauftrags zur Konkretisierung des Artikel 3 GG (Gleichberechtigung von Mann und Frau). Auch an diesen Auftrag wollte die konservative Mehrheit im Bundestag nicht heran. Ich beschreibe den Verlauf etwas ausführlicher, weil er so »typisch« ist für den Fehlstart bei der Umsetzung des Grundgesetzes in die Verfassungswirklichkeit.

Nach der ersten Bundestagswahl saßen am 7. September 1949 nur 31 Frauen neben 378 Männern im Bundestag. Keine Frau wurde ins Präsidium des Bundestages oder in Fraktionsführungen gewählt, von einem weiblichen Kabinettsmitglied ganz zu schweigen. In seiner ersten Regierungserklärung erwähnte Bundeskanzler Adenauer die Konsequenzen des Gleichberechtigungsartikels für die Gesetzgebung erst gar nicht. Sein einziges Angebot, die Einrichtung eines Frauenreferats im Innenministerium, war kaum ein Trostpreis.

Nur der damalige Justizminister Dehler fand weibliche Zustimmung, als er sagte, er beabsichtige für die Ausführungsgesetze zum Artikel 3 Absatz 2 Grundgesetz eine Frau als Referentin zu berufen, deren Referentenentwurf zwei Jahre später jedoch, als sich die Bischöfe vehement dagegen aussprachen, vom Ministerium zur »Privatstudie« erklärt werden mußte. Als wirklich böser (Anti-Frauen-)Geist erwies sich der spätere Familienminister Franz-Josef Wuermeling, der bereits als Haushaltsexperte der CDU die für die Gleichberechtigung nötige Änderung des Beamtengesetzes blockiert hatte, indem er durchsetzte, daß im »131er-Gesetz« die sogenannte »Zölibatsklausel« für weibliche Beamte beibehalten wurde, nach der Heirat für Beamtinnen weiterhin ein Entlassungsgrund blieb. Diese Ungleichbehandlung der Beamtin wurde am 17. Mai 1950 gegen den heftigen Protest der Frauenverbände als »vorläufiges Gesetz« verabschiedet und erst nach Aufhebung durch das Bundesverfassungsgericht verfassungskonform novelliert.

Einen weiteren öffentlichen Sturm gab es bei der sogenannten »Haushaltsbesteuerung«, mit der die Einkünfte der Ehefrau aus nicht-selbständiger Arbeit gemeinsam mit dem Einkommen des Mannes veranlagt werden sollten. Die Absicht war, daß sich außerhäusliche Arbeit der Frau – zumindest bei kleinen Verdienern – steuerlich nicht mehr lohnen sollte. Über den Bundesrat kam ein »Kompromiß« zustande, der dann zwei Jahre später durch ein weiteres Urteil des Bundesverfassungsgerichtes wieder aufgehoben wurde.

Im Frühjahr 1951 veröffentlichte das Bundesjustizministerium als Diskussionsgrundlage eine erste Denkschrift über die vorgesehene Anpassung des Eherechts. Im Bundestag aber wurden die Beratungen verschleppt, so als gäbe es keine Anpassungsfristen, die im Grundgesetzartikel 177 festgeschrieben waren.

Als die erste Legislaturperiode ihrem Ende entgegenging, war der Entwurf eines neuen Familienrechtgesetzes im Sommer 1952 zwar fertiggestellt, konnte aber im Kabinett nicht beraten werden. Er stieß auf herbe Kritik der Kirchen, da – und das war der Hauptstreitpunkt – das Entscheidungsrecht des Ehemannes, zumindest in allen die Kinder betreffenden Angelegenheiten, verändert werden sollte.

Der Einspruch der Kirchen bedeutete praktisch das Aus der Familienrechtsform für die erste Legislaturperiode. Damit trat am 1. April 1953 ein gesetzloser Zustand und dadurch womöglich ein Rechtschaos. Das von der Bundesregierung angerufene Bundesverfassungsgericht stellte jedoch noch vor Weihnachten fest, daß Artikel 3 Absatz 2 GG eine gültige Rechtsnorm sei und so seit dem 1. April 1953 auch dann geltendes Recht, wenn der Bundestag es versäumt habe, die Reform des Familienrechts fristgemäß fertigzustellen. Das Gericht verhinderte eine »unerträgliche Rechtsunsicherheit«, und ich erinnere mich noch gut, wie hoffnungsvoll fast alle Politikerinnen jeder Couleur waren. Gewonnen war der Kampf aber noch lange nicht!

In den am 6. September 1953 gewählten 2. Deutschen Bundestag zogen neben den bereits bekannten Kämpferinnen nun auch die 75jährige Marie-Elisabeth Lüders und die eine Generation jüngere hessische CDU-Abgeordnete, Oberkirchenrätin Dr. Elisabeth Schwarzhaupt, ein. Beide spielten innerhalb der damaligen Koalition und in den folgenden Kämpfen und Auseinandersetzungen eine ausschlaggebende Rolle.

Hochinteressant nachzulesen ist die Debatte vom 12. Februar 1954, in der Frau Schwarzhaupt zum erstenmal im Bundestag sprach. Am Ende erhielt sie als einzige Rednerin von allen Seiten Beifall, obgleich sie von der offiziellen CDU/CSU-Linie deutlich abgewichen war. Sie sagte u. a.:

> »...Ich würde es für richtig halten, wenn man aus dem Regierungsentwurf, den ich sonst weithin bejahe, diejenigen Sätze streichen würde, die ein überwiegendes Entscheidungsrecht des Mannes als einen Rechtsanspruch statuieren.«

Frau Lüders begann ihre Rede mit einem Busch-Zitat:

> »Bei eines Strumpfes Bereitung
> sitzt *sie* im Morgenhabit –
> *er* liest in der Kölnischen Zeitung –
> und teilt ihr das Nötige mit.«

Ihre dann folgenden bissigen Ausführungen kann man sich leicht ausmalen.

Erst vier Jahre nach dem im Grundgesetz vorgesehenen Termin – am 3. Mai 1957 – war die endgültige Abstimmung, die den »Stichentscheid« des Mannes bestätigte. Das Gesetz trat am 18. Juni in Kraft. Das Bundesverfassungsgericht hob 1959, unter Vorsitz der ersten Verfassungsrichterin Dr. Erna Scheffler, den »Stichentscheid« wieder auf. – Den Musterprozeß hatten die staatsbürgerlichen Frauenverbände geführt. Sie hatten die Klägerinnen ausfindig gemacht und kamen für die Prozeßkosten auf. Ohne ihre Hilfe und Aktivitäten hätte das Verfahren länger auf sich warten lassen. Das war nun der dritte irreversible Sieg in Sachen Gleichberechtigung gegen die Bundestagmehrheit – er gelang allerdings nur mit Hilfe des Bundesverfassungsgerichtes!

Damit war die Gleichberechtigung im Familienrecht durchgesetzt, aber es gab im Bürgerlichen Gesetzbuch (BGB) noch weitere Schwachstellen, z. B. im Recht des unehelichen Kindes, die wiederum erst durch ein Urteil des Bundesverfassungsgerichtes am 29. Februar 1969 ausgebügelt wurden. Die Reform des Namens- und Scheidungsrechts, das Rentenrecht für Frauen seien nur noch der Vollständigkeit halber erwähnt, zumal erst kürzlich – 1991 – im Namensrecht und im Recht der unehelichen Kinder wiederum Urteile vom BVerfG gesprochen wurden.

*

Nein, die 50er bis zum Anfang der 60er Jahre sind wahrlich kein Ruhmesblatt in unserer westdeutschen Demokratiegeschichte. Hatten die Debatten und Ergebnisse des Parlamentarischen Rates noch viel von den Erschütterungen der NS-Zeit spüren lassen, so war es damit nun endgültig vorbei. Jetzt wurde nicht mehr – wie in den ersten Jahren – nach neuen Werten gefragt, sondern nach Preisen. Nach Preisen für den eigenen Wohlstand, das eigene Fortkommen. Vom gerade erst Vergangenen wollte man nichts mehr wissen.

Damals stand es nicht gut um die Lebenskraft unserer jungen Demokratie, selbst wenn Bonn nicht Weimar wurde, es wurde eben Bonn, und das hatte aufgrund sehr zahlreicher Skandale auch nicht immer den besten demokratischen Ruf. So stolperten wir – trotz Nierentischen und aufgesetzter Modernität – in wilhelminisch-vordemokratische (in Bayern klerikal-reaktionäre) Denkkategorien, und im Windschatten des Kalten Krieges standen – wie wir aus den Umfrageergebnissen sehen – noch weiter rechts Orientierte in »Hab-acht«-Stellung (vgl. S. 96ff.). Die Bundestagswahlergebnisse 1953 bestätigten diesen Trend: Die mittlerweile als zumindest »halbrechts« ausgewiesenen Parteien CDU/CSU, DP (Deutsche Partei), BHE (Bund der Heimatvertriebenen und Entrechteten) – und leider war auch die FDP dazuzurechnen – erhielten zusammen fast 65 % der Stimmen (dabei schnellten die »C«-Parteien von 31 % 1949 auf 45 % hoch).

*

Nach den Wahlen lief außenpolitisch alles wie am Schnürchen. Bereits im Oktober 1954 wurden der »Deutschlandvertrag« revidiert und das Besatzungsregime beendet. Es folgten die »Pariser Verträge« und der Beitritt der Bundesrepublik zur WEU (Westeuropäische Verteidigungsunion) und zur NATO (North Atlantic Treaty Organization). Im Juli 1956 wurde die allgemeine Wehrpflicht beschlossen und im gleichen Zeitraum die nach ihrem Erfinder benannte »Hallstein-Doktrin« verkündet, mit der die Bundesrepublik einen außenpolitischen Alleinvertretungsanspruch erhob. Demzufolge waren diplomatische Beziehungen mit Staaten und auch Entwicklungshilfe an solche Staaten, die Beziehungen mit der DDR unterhielten, von nun an ausgeschlossen. Einzige Ausnahme war die Sowjetunion. So wurde die »Hallstein-Doktrin« alsbald zum Symbol für eine Politik verhärteter Ost-West-Konfrontation.

Aber damit nicht genug: Ab 1956 entbrannte eine noch weit heftigere Debatte um eine mögliche atomare Bewaffnung der Bundeswehr, die vom zweiten Verteidigungsminister Franz Josef Strauß heimlich und später ungeniert öffentlich vorangetrieben wurde.

Damals entstand zum erstenmal so etwas wie eine wirkliche, alle demokratischen Lager ergreifende Protestbewegung, ausgelöst durch die sogenannte »Göttinger Erklärung« führender (west)deutscher Naturwissenschaftler, die vor dieser Entwicklung eindringlich und mit überzeugenden Argumenten warnten. Die bundesweiten Aktionen, die unter der Parole »Kampf dem Atomtod« durchgeführt wurden, waren für alle, die sich hierbei engagierten – und ich gehörte auch dazu –, erste demokratische Erfolgserlebnisse. Denn dieses erste Aufbegehren fast aller angesehenen Wissenschaftler, Schriftsteller und anderer, zusammen mit Deutschen aus allen Parteilagern bis hinein in die CDU, trug entscheidend dazu bei, daß Strauß und die Bundesregierung keine vollendeten Tatsachen schaffen konnten.

*

In diesen ersten zehn – für notwendige demokratische Reformen verlorenen – Jahren der Bundesrepublik versuchte ihr erster Bundespräsident Theodor Heuss, so weit es sein neutrales Amt erlaubte, den restaurativen Tendenzen gegenzusteuern, zu klären und aufzuklären, ähnlich wie es Richard von Weizsäcker während seiner Präsidentschaft immer wieder versucht. Mit diesen Bundespräsidenten, ebenso wie mit Gustav Heinemann, hat unsere Demokratie besonderes Glück gehabt. Mehr als einmal haben sie angesichts des Abdriftens unserer Parteiendemokratie und der von den Parteien geprägten politischen Kultur ihre Stimme warnend und mahnend erhoben.

Dabei hatte Heuss einen besonders schweren Stand. Sein Reden und Handeln – vor allem seine Bekenntnisse zum Widerstand gegen die Nazi-Herrschaft, zur materiellen und moralischen Wiedergutmachung an den Opfern, zur Vertrauensbildung und Aussöhnung mit dem jüdischen Volk und Staat (vgl. III.1.-2.) – das alles hob sich ab vom Geist der Wirtschaftswundermentalität und stand gegen den Zeitgeist, der eine allzu rasche Rehabilitierung unbewältigter brauner Vergangenheiten und das Come-back vieler ihrer Repräsentanten förderte.

Nach erfolgreicher, das Amt und unsere demokratische Kultur – leider nur vorübergehend – prägenden zehnjährigen Amtszeit, wurde er nach 1959 zum allseits geliebten »Papa« Heuss, ein Etikett, dem er in seinem Denken ganz und gar nicht entsprach.

*

Für mich waren das zweite und das beginnende dritte Jahrzehnt der Nach-Hitler-Epoche – die Jahre also von Mitte der 50er bis Mitte der 60er Jahre – ausgesprochene Lehr- und Lernjahre. Damals fing ich an, politisch selbständig zu denken und meinen Weg eigenständig zu suchen und zu gehen. Ich wollte die Grundwerte und Rechte der Bürger in einem freien Gemeinwesen auch im Einzelfall ganz ernst nehmen, ich wollte nicht schuld sein an neuerlichem Versagen.

Das war in der bayerischen Landespolitik eine nahezu selbstmörderische Einstellung. Die mit absoluter Mehrheit regierende CSU dachte überhaupt nicht daran, solche »Hirngespinste« in Betracht zu ziehen. Statt dessen wurde die Prügelstrafe in den Schulen wieder eingeführt, wurden Schüler und Lehrer nach Konfessionen streng getrennt – bis hin zu den »katholisch« oder »evangelisch« markierten Fahrradständern und Vorräten für die Schulküchen. Die Volksschullehrer wurden einer kaum verkappten geistlichen Schulaufsicht (zumeist dem Ortspfarrer) unterstellt, aufmüpfige Schüler erbarmungslos von der Schule verwiesen, Lehrerinnen aus dem Schuldienst entlassen, sobald zurückgekehrte Männer sich bewarben, und Lehrstühle nach konfessionellen Gesichtspunkten besetzt. Das Ballett von Werner Egk »Abraxas« wurde von der staatlichen Zensur – in Gestalt des Kultusministers Alois Hundhammer – wegen Gefahr der Sittenverderbnis einfach verboten. Wie heißt es doch im Artikel 5 des Grundgesetzes: »... Kunst und Wissenschaft ... sind frei. Zensur findet nicht statt.« In Bayern eben doch!

Man kann sich heute vieles gar nicht mehr vorstellen, was – und das nicht nur in Bayern – damals an Fehlentwicklungen möglich war. Sie gehören zur Vorgeschichte und tragen zum Verständnis des Aufbegehrens in den späten 60er Jahren bei. Meinen eigenen Annalen entnehme ich für die damaligen Zeiten aufsehenerregende Aktivitäten. Ich berichte kurz darüber – nicht um mir ein Denkmal zu setzen, sondern weil sie mir charakteristisch erscheinen für die damaligen demokratischen Defizite, auch für die Möglichkeiten der wenigen Frauen in der Politik.

Was ich damals auch anpackte und wie ich es anpackte, immer erregte es Anstoß: Ob ich im Landtag das Untergewicht von Semmeln oder abgelaufene Verfallsdaten von Lebensmitteln nachwies, ob ich Lehrerinnen vor inquisitorischen Befragungen schützen wollte oder Lehrer vor anderen Gewissenszwängen, ob ich mich dabei mit dem katholischen Klerus wegen seiner politischen Machtansprüche anlegte – Ärger und Wut über dieses »Weibsbild« überstiegen die männliche Schmerzgrenze – selbst in der eigenen Partei. Gelegentlich gab es sogar antisemitische Äußerungen: Die Hamm-Brücher sei ja wohl »jüdisch versippt«...

1962 kam es zum Eklat in den eigenen Reihen, als mich – nach einem wohlgeplanten Coup einer braunen oberbayerischen FDP-Seilschaft – die Mehrheit der Delegierten bei der Kandidatenaufstellung für die Landtagswahlen so schlecht (auf den 17. Listenplatz) plazierte, daß dies einem politischen Todesurteil gleichkam.

Dank des bayerischen Landtagswahlrechtes, das dem Wähler erlaubt, seine zweite Stimme einer Person und nicht einer zementierten Parteiliste zu geben, und dank einer illustren Wählerinitiative (der ersten, die es in der der Bundesrepublik gab) von dem Physik-Nobelpreisträger Werner Heisenberg bis zur Schauspielerin Ruth Leuwerik und einem unterstützenden Brief von Theodor Heuss, aber auch dank meiner engagierten Kämpfe im Bayerischen Landtag erzielte ich, mit mehr als doppelt so viel persönlichen Stimmen wie das auf Platz 1 plazierte »Mannsbild«, einen bahnbrechenden, bundesweit Staunen erregenden Wahlerfolg.*

Damit hatte ich mir nicht nur bei Freunden und Gegnern Respekt verschafft, sondern auch Selbstvertrauen gewonnen in das eigene Stehvermögen, in meine fachliche Kompetenz und – was wohl das wichtigste war – in meine »Äquivalenz«, meine Gleichwertigkeit als Frau in der Politik. Ich hatte mir und anderen Frauen bewiesen, daß eine Frau nicht nur mithalten kann, solange ihr die Männer wohlwollen, sondern daß sie sich auch erfolgreich wehren kann, wenn sie ihr nicht mehr wohlwollen.

---

* Näheres in H. Hamm-Brücher, Gegen Unfreiheit in der demokratischen Gesellschaft, Piper Verlag, München 1967.

Ich hatte mich emanzipiert und freigeschwommen. Diese Erfahrung gab mir Auftrieb, der ansteckte und den ich von nun an bei jeder Gelegenheit an andere – Frauen und Männer – weitergab.

*

Die diesem Auf- und Ausbruch folgenden 60er Jahre gehören zu den intensivsten und kreativsten meines politischen Lebens. Heute wüßte ich nicht mehr genau zu sagen, wie ich das eigentlich alles geschafft habe: Mann, zwei kleine Kinder, Haus, Garten, viele Interessen, dazu ein volles Pensum als Landtagsabgeordnete, bildungspolitische Sprecherin und als Oppositionsführerin Zielscheibe der geballten Angriffe einer erzkonservativen Partei, die sich seit den Zeiten Josef Filsers kaum geändert hatte.

Nebenbei versuchte ich meinen politischen Horizont über die weiß-blauen Grenzen hinaus zu erweitern, reiste und schrieb im Auftrag der »ZEIT« über meine »Bildungsreisen« zum Studium anderer Bildungssysteme, die mich zunächst in die anderen Bundesländer, später weiter ins westliche und östliche Ausland, von den USA über Skandinavien und Frankreich nach Polen, in die Sowjetunion und, last not least, in die DDR, führten. Dabei lernte ich eine Menge über demokratische und sozialistische Schulreformen, die damals überall – nur nicht im Großteil der Länder der Bundesrepublik – stattfanden, und nahm den Kampf um bessere Bildungschancen für Kinder aus »bildungsfernen« Schichten, vor allem für unterprivilegierte Mädchen, auf.

1963 veröffentlichte ich eine Denkschrift über antiquierte Schulbuchtexte, die jahrelang Stoff für Kabaretts boten, stellte eigene Untersuchungen über das »Bildungsgefälle« zwischen den und innerhalb der Bundesländer an und durfte ab 1964 auf jedem Bundesparteitag der FDP über »Bildungspolitik als gesellschaftliche Aufgabe« referieren. Das brachte mir bereits 1964 einen Sitz im Bundesvorstand ein – als jüngstes Mitglied und, neben Liselotte Funcke, einzige Frau.

Im Juni 1964 gelang es mir mit anderen, den damaligen bayerischen Kultusminister Professor Theodor Maunz nach siebenjähriger Amtszeit zu stürzen.* Seine äußerst kompromittierenden Schriften aus der Nazizeit waren erst damals bekannt geworden. Unter den Ovationen der CSU verabschiedete er sich von seinem Amt.

1963 veröffentlichte ich meinen ersten kritischen Artikel über mangelhafte Gewaltenteilung in Bayern und die Schwächen der bayerischen Volksvertretung mit ihrer erdrückenden CSU-(=Staatspartei)-Mehrheit. Zusammen mit dem damaligen SPD-Vorsitzenden Waldemar von Knoeringen initiierte ich die »Akademie für politische Bildung« in Tutzing, die sich – die erste ihrer Art in der Bundesrepublik – über die Jahrzehnte ihre parteipolitische Unabhängigkeit bewahrt hat. Kurz und gut: Es war ein volles Arbeitspensum.

Nach dem Tode unseres ersten Bundespräsidenten Heuss im Dezember 1963 gründete ich mit seinen Angehörigen und Freunden 1964 die »Stiftung Theodor-Heuss-Preis«. Schon die Auswahl der ersten Preisträger – zum Beispiel die »Aktion Sühnezeichen« und der Philosoph und Bildungsforscher Georg Picht, in den folgenden Jahren der Schöpfer des Konzepts vom »Bürger in Uniform«, Graf Baudissin, der Hauptverfasser der Oder-Neiße-Denkschrift der Evangelischen Kirche, Ludwig Raiser, des weiteren Gustav Heinemann und Marion Gräfin Dönhoff – zeigte die liberal-demokratische Richtung an: Wir wollten zu mehr Demokratie ermutigen, indem wir »hervorragende Beispiele demokratischen Handelns, der Zivilcourage und des Einsatzes für das Allgemeinwohl« auszeichneten, was wir bis heute tun, zum Beispiel 1990 mit der Auszeichnung der friedlichen Demonstranten in der DDR.

---

* vgl. H. Hamm-Brücher: »Kämpfen für eine demokratische Kultur«, Serie Piper 624, München 1986, S. 167ff.

3. Aufbrüche – Umbrüche – Abbrüche der 60er und 70er Jahre

Am 15. Oktober 1963 tritt Konrad Adenauer nach vierzehnjähriger Regierungszeit zurück. Eine Ära geht zu Ende.

*

Ab Mitte der 60er Jahre kündigt erstes Wetterleuchten am Horizont der abgeschlafften »Keine Experimente«-Demokratie Veränderungen an. Wir befinden uns jetzt am Beginn der zweiten »Halbzeit« der politischen Geschichte der Bundesrepublik. Das Wirtschaftswunder ist vollbracht, sein Schöpfer Ludwig Erhard ist bald nach dem ersten Kanzler – und gleich diesem nicht ganz freiwillig – zurückgetreten, und der brave Heinrich Lübke amtiert seit 1959 als Bundespräsident an der Stelle des bravourösen Theodor Heuss.

Alles hat sich im Mittelmaß arrangiert. Nach der »Keine-Experimente«-Ära beginnt der Übergang mit einer Großen Koalition unter dem trotz seiner – wenn auch vergleichsweise harmlos angebräunten – NS-Vergangenheit unangefochten regierenden, geschmeidig-eloquenten Kurt Georg Kiesinger. Sie endet nach der Verabschiedung der »Notstandsgesetze« in einer von immer mehr Bundesbürgern als makaber empfundenen politischen Sackgasse.

Unterdessen hat sich die zweite – diesmal erfolgreichere – NS-Nachfolgepartei unter Weglassung zweier Buchstaben als NPD (Nationaldemokratische Partei Deutschlands) gegründet und bei den Landtagswahlen der 60er Jahre erste spektakuläre Erfolge errungen.

Nun ist das politische Wetterleuchten nicht länger zu übersehen. Eine ob ihrer politischen Bandbreite immobile Regierung, ein deutlicher Rechtsruck (vgl. III.3) und eine anwachsende außerparlamentarische Opposition links von den Bundestagsparteien: Würde die junge, noch wenig gefestigte Demokratie diesem Druck standhalten?

*

Aufbrüche: Im liberalen und im sozialdemokratischen Lager hatte es bereits seit längerer Zeit rumort. So wie ich spürten viele junge Bundesbürger im Laufe der ersten Hälfte der 60er Jahre, daß vieles schiefzulaufen drohte in Staat und Gesellschaft, und wir forderten, jeder zunächst im eigenen Wirkungsfeld, »frischen politischen Wind«, wollten »alte Zöpfe abschneiden«, »gleiche Bildungschancen« schaffen oder was es sonst an politischen Losungen gab. Der diesbezügliche Ansatz in der Bildungspolitik der DDR zur gleichen Zeit wäre verheißungsvoll gewesen, wenn er nun nicht, umgekehrt, Kinder »gehobener Schichten« vom Bildungsaufstieg ausgeschlossen hätte. Wir wollten die versäumten Reformen nachholen, um die Demokratie zu stärken. Und dazu bedurfte es eines politischen Machtwechsels.

Wir wissen heute, daß dieser nach den Bundestagswahlen 1969 entschlossen durchgesetzte »Machtwechsel« unserer Republik nach innen und nach außen gutgetan hat. Dank hervorragender Führungspersönlichkeiten im sozial-liberalen Lager und dank einer wachsenden Unterstützung durch Bürger und Intellektuelle hat diese Koalition trotz der nach 1969 ausbrechenden Stürme und Turbulenzen schwierigste Bewährungsproben bestanden und sich dabei gefestigt.

Auch für die Analyse dieser Zeit gilt die Einschränkung, daß es im Rahmen dieser Schrift nicht möglich ist, alle kulturellen und politischen Strömungen zu beschreiben, die das Denken vor allem der akademischen Jugend, aber auch jüngerer Politiker, die, wie ich, mit dem äußeren und inneren Befund unserer Demokratie zu Beginn der 60er Jahre ganz und gar nicht zufrieden waren, inspiriert haben.

Ich beschränke mich also auf die Kritikpunkte, die politisch besonders greifbar und virulent waren und die, was die Begründung notwendiger Reformen anging, keines ideologischen »Überbaus« von Marx, Ché Guevara oder Herbert Marcuse bedurften. Sie waren in allen gesellschaftlichen Bereichen mit Händen zu greifen. Im Vorfeld hatten unter anderem Karl Jaspers (»Wohin treibt die Bundesrepublik?«), Alexander und Margarete Mitscherlich (»Die Unfähigkeit zu trauern«), Georg Picht (»Die deutsche Bildungskatastrophe«), Ralf Dahrendorf

(»Gesellschaft und Demokratie in Deutschland«), sowie die »Göttinger Erklärung« der 17 führenden Naturwissenschaftler die Stagnation und die Fehlentwicklungen bewußt gemacht und damit die Dringlichkeit des Kurswechsels begründet. Beim konservativen »Establishment« hatten diese kritischen Schriften natürlich unliebsames Aufsehen erregt.

Ab Mitte der 60er Jahre kündigten sich neue Entwicklungen an. Der Kalte Krieg zwischen den Supermächten flaute ab, und damit waren auch die politischen Argumente der sogenannten »Kalten Krieger« in Frage gestellt. Im liberalen und sozialdemokratischen Lager wurden immer mehr Stimmen laut, die außenpolitisch für diplomatische Beziehungen mit den Ostblockstaaten, für vertragliche Regelungen mit Moskau und Warschau und für die Anerkennung der Oder-Neiße-Grenze – also: Schluß mit der »Hallstein-Doktrin« – plädierten.

Innenpolitisch wurden bis dahin versäumte Reformen hin zu Mitbestimmung und Gleichberechtigung in fast allen gesellschaftlichen Bereichen – vom Kindergarten bis zur Erwachsenenbildung, von der Schule und Hochschule bis zur Wirtschaft und zum Strafvollzug – gefordert. Die *Studentenunruhen* Ende der 60er Jahre, ein weltweites Phänomen, erhielten in der Bundesrepublik Deutschland mindestens zwei zusätzliche Dimensionen: Zum einen waren erste große Auseinandersetzungen mit der Nazi-Vergangenheit der Väter durch die beiden Bücher des Psychoanalytikers Alexander Mitscherlich über »Die vaterlose Gesellschaft« und über »Die Unfähigkeit zu trauern« ausgelöst worden. Zum anderen waren es die offensichtlichen Defizite und Schwächen im Vollzug des Grundgesetzes, die Notstandsgesetzgebung und der Widerstand gegen die Atomwaffen, die die Studentenunruhen auslösten. So kam es, daß die Losung, die Willy Brandt nach seiner Wahl zum Bundeskanzler 1969 und zu Beginn der sozial-liberalen Ära postulierte – »Mehr Demokratie wagen« –, auf große Zustimmung, Hoffnung, ja geradezu Euphorie (die sich später als abträglich erwies) stieß.

*

Umbrüche: Es waren also keineswegs nur die Studenten, die damals mehr demokratische Mitbestimmung, gleiche Bildungschancen und gesellschaftliche Reformen forderten. Es waren viele mit der Nachkriegsentwicklung nicht zufriedene Demokraten aus allen politischen Lagern, denen bewußt geworden war, daß unsere Demokratie im Formalen, im Instutionellen steckengeblieben war. Dies wollte man ändern, und es kam erstmals in der Geschichte der Bundesrepublik zu persönlichen politischen Engagements in Bürger- oder Wählerinitiativen, in der Frauenbewegung und nach und nach auch im Umweltschutz.

Man kann diese zweite Ära der Entwicklung unserer Demokratie sehr wohl als eine Zeit des radikalen Umdenkens, aber auch der Aufarbeitung unserer jüngsten Vergangenheit bezeichnen. Verkrustete Strukturen sollten aufgebrochen werden, frische Impulse beleben.

Außenpolitisch errang die sozial-liberale Regierung – trotz des Abbröckelns ihrer Mehrheit im Parlament durch Fraktionsaustritte, trotz des erbitterten Widerstands der rechten und konservativen Opposition – einen Erfolg nach dem anderen. In kürzester Zeit waren bis 1974 die wichtigen Moskauer (1970) und die Warschauer Verträge (1970) unter Dach und Fach. Die Mehrheit der Westdeutschen hatte gelernt einzusehen, was Willy Brandt im Bundestag anläßlich der Verabschiedung der Verträge gesagt hatte: »Wir haben [mit diesen Verträgen] nichts vergeben, was wir nicht längst verspielt haben.« Es folgten nach dem Berlinabkommen (1971) der alliierten Siegermächte der Grundlagenvertrag mit der DDR (1972) und der Beitritt beider deutscher Staaten zu den Vereinten Nationen (1973). Eine der am wenigsten spektakulären, auf lange Sicht aber bedeutsamsten Initiativen war die engagierte Beteiligung an der Schlußakte von Helsinki und dem nachfolgenden KSZE-Prozeß, dessen Schlußakte 1975 im Ostblock die ersten Bürgerwegungen ermöglichte. Auch ein neuer Anlauf zur Erweiterung der Europäischen Gemeinschaft durch den Beitritt Großbritanniens, Dänemarks und Irlands (1973) war erfolgreich.

Innenpolitisch waren diese Jahre geprägt von starken Impulsen zur inneren Demokratisierung. So schossen, wie gesagt, Bürgerinitiativen wie Pilze aus dem Boden und engagierten sich mit deutscher Gründlichkeit in vielen Bereichen. In der Politik blieben die anfangs versprochenen und geplanten gesellschaftlichen Reformen – wahrscheinlich weil man viel zuviel auf einmal wollte und nicht ausreichend vorbereitet war – nach einem ersten erfolgversprechenden Anlauf leider wieder stekken. Im Schul- und Hochschulbereich führten sie zwar zur quantitativen Expansion, inhaltlich wurden sie leider nie vollendet.

*

Heute wissen wir natürlich besser und genauer Bescheid über das explosive Gemisch aus angestautem Unbehagen in politischen, kulturellen und allgemein geistigen Bereichen und aus den Frustrationen, die seit langem unsere in der Großen Koalition erschlaffte Demokratie erfaßt hatten – ein Gemisch, das sich 1967 mit dem Tod des Berliner Studenten Benno Ohnesorg anläßlich der Demonstrationen während des Schah-Besuches buchstäblich über Nacht entzündete. Damit brach das nur wenigen Politikern bewußte, seit Beginn der 60er Jahre von Zeit zu Zeit spürbare »Beben im Untergrund« auf und erschütterte die sorglose Wohlstandsgesellschaft ebenso wie ihre Institutionen. Zunächst ging es bei studentischen »Happenings« überwiegend witzig-offensiv zu: »Unter den Talaren, Muff von tausend Jahren« – dann wurde es zunehmend aggressiv, später gewalttätig (zunächst »nur« gegen Sachen). »Macht kaputt, was Euch kaputt macht«, lautete die aggressiv-revolutionäre Parole. Erst nach Abflauen der Revolte und in einer gewissen Resignation blies man »zum Marsch durch die Institutionen«.

Anfangs hatte es viele Sympathien gegeben für das Aufbegehren von Studenten und Schülern gegen die unvollendete Demokratie und für ihr Bedürfnis nach – bis dahin gemiedener – politischer Auseinandersetzung mit der Generation der Väter und Lehrer. Charakteristisch hierfür ist die Abiturientenrede von Karin Storch (heute Journalistin beim ZDF), die damals – 1968 – Aufsehen erregte:

»Im Gemeinschaftskundeunterricht haben wir über den Untergang der Weimarer Republik gesprochen. Eines der Hauptversäumnisse der Weimarer Republik war es, zu wenig krisenfeste Demokraten zu erziehen. Es gab zu wenig Demokraten, die bereit waren, zwar kritisch und ungehorsam zu sein, dabei aber den Staat als ihren Staat anzuerkennen. Wo die Deutschen damals kritisierten, da gingen sie an die Wurzel des Staates, zerschlugen ihn, statt ihn zu verbessern. Dieses Hauptversäumnis muß in der Bundesrepublik vermieden werden, und zwar durch unsere politischen Pädagogen, indem sie krisenfeste Demokraten erziehen, weil sie den Ungehorsam einüben, jenen Ungehorsam, der demokratisch bleibt...

...Erziehen unsere Schulen zum Ungehorsam, regen sie Kritik an, formen sie die Schüler zu freien Menschen, fordern sie die eigene Stellungnahme heraus, regen sie an zu selbständigem Denken? – Sie tun es leider zu wenig...

...Die Unruhe der Schüler und Studenten zeigt, daß politisch denkende junge Menschen kritisch die ›Älteren‹ und deren Tun betrachten und ihre eigenen Positionen beziehen. Aber dieser Aufruhr zeigt auch, daß sie niemand gelehrt hat, wirksam ungehorsame Demokraten zu sein. Aber nicht alle jungen Menschen sind bereit, in solcher Opposition sich auseinanderzusetzen. Aus ihrer Skepsis und aus ihrem Zweifel wird dann oft leider Gleichgültigkeit...«

Nun also sollte alles bis dahin Versäumte auf einmal nachgeholt werden, auch der von den Vätern unterlassene Widerstand gegen den Faschismus, und dazu mußte die bundesrepublikanische Gesellschaft kollektiv als »faschistisch« oder doch »faschistoid« denunziert und »entlarvt« werden. Zu diesem Ziel wurde eine Art Psychoterror entwickelt, der mit ohrenbetäubendem Einschüchterungsgebrüll, Gebäude- und Institutsbesetzungen, entwürdigenden Verunglimpfungen agierte, die auch vor von jedem braunen Makel freien Demokraten wie dem damaligen hessischen Kultusminister Ernst Schütte oder vor dem ursprünglichen Idol der Linken, Theodor W. Adorno, nicht haltmachten.

Von diesem Augenblick an erloschen bei vielen Demokraten – so auch bei mir – Verständnis und Sympathie für Ziele und

Methoden der Jugend- und Studentenrevolte. Ich erlebte sie sozusagen vor der eigenen Haustür. Seit Anfang 1967 war ich Staatssekretärin im hessischen Kultusministerium und engagierte mich – an der Seite des beispielhaften Sozialdemokraten Ernst Schütte und des nicht minder beispielhaften sozialdemokratischen Ministerpräsidenten Georg August Zinn – leidenschaftlich für die bis dato versäumten Schul- und Hochschulreformen. Ziel war ein chancengleiches, zumindest chancengerechtes Bildungssystem mit echter Mitbestimmung und verbunden mit dem Abbau jener »hierarchischen Strukturen«, die ganz sicher autoritär, deshalb aber doch nicht »faschistisch« waren.

Um die Realisierung dieser überfälligen demokratischen Reformen mußte ich von jetzt an bangen, bis sie im Verlauf einer neuerlichen Polarisierung – mit marxistischen Ideologien überfrachtet – ab Mitte der 70er Jahre endgültig untergingen.

Bereits seit 1968/69 war ich zwischen die Fronten der damaligen CDU-Opposition mit ihrem Fraktionsvorsitzenden im hessischen Landtag, Alfred Dregger, und der Frankfurter »Revoluzzer« geraten, die mich als »Scheißliberale« u. ä. »entlarvten«. Das machte mich mehr als einmal zornig und meinerseits aggressiv. Einmal, als ich im Juni 1969 auf dem Hessentag in Gießen während meiner »Festrede über den Mut zur kleinen Utopie« von Stinkboben und Gejohle unterbrochen wurde und voller Zorn ausrief: »Bei diesen Studenten fallen die roten Äpfel nicht weit vom braunen Stamm«, war der Tumult vollkommen.

*

Abbrüche: So ging es in den nächsten Jahren weiter, auch als ich Ende 1969 als Staatssekretärin in das Bonner Bildungs- und Wissenschaftsministerium wechselte und mit Bildungsplanung, Hochschulgesetzgebung und Reformversuchen betraut war. Immer geriet ich zwischen alle Stühle. Einerseits wollte ich die überfälligen Reformen auf den Weg bringen, andererseits wollte ich nicht im Strudel völlig überzogener, gegen das verhaßte »System« gerichteter linker Forderungen untergehen.

Angegriffen wurde ich dafür von beiden Seiten, vor allem von den sich zur Gegenreform sammelnden Konservativen, die ab 1972 alles blockierten, selbst die von ihnen mitbeschlossene »Empfehlung« des Deutschen Bildungsrates zur »Strukturreform des Bildungswesens«.

Dennoch sind diese turbulenten Jahre in der politischen Geschichte der Bundesrepublik und für mich persönlich – nicht nur wegen der erfolgreichen Außenpolitik – ungeheuer wichtig und unverzichtbar. Sie haben erstmals demokratische Prozesse »erlebbar« gemacht. Ähnliche Prozesse werden wohl auch den OSSIS – und damit uns allen – nicht erspart bleiben.

Ab Mitte der 70er Jahre radikalisierten sich die Ausläufer der Studentenbewegung, was schließlich zu Gewalttätigkeiten, Geiselnahme und Morden – vor allem durch die »Rote Armee Fraktion« (RAF) – führte. Dies erschütterte unsere Demokratie in ihren Grundfesten und ließ das Pendel des Demokratisierungsprozesses wiederum in eine konservative Richtung zurückschlagen: mit den sogenannten Berufsverboten, den verschärften Anti-Terror-Gesetzen, dem Zugewinn der konservativen Parteien bei Landtagswahlen. Die Ära des Aufbruchs endete 1982 ziemlich kläglich mit dem Sturz von Bundeskanzler Helmut Schmidt durch eine konservativ-liberale Mehrheit. Dieser innenpolitische Stimmungswandel war ab Anfang der 80er Jahre von wirtschaftlicher Rezession, wachsender Arbeitslosigkeit und einer damals als horrend empfundenen Staatsverschuldung begleitet und beschleunigt worden. Ich erlebte diese Endphase als Staatsministerin im Auswärtigen Amt (1976–1982).

4. Jahrzehnt der Wenden (1980–1990)

Obgleich es 1980 für die sozial-liberale Koalition noch einmal ein verbessertes Wahlergebnis gegeben hatte (SPD und FDP bauten ihre Mehrheit auf 53,5 Prozent aus), zeigten sich bald die ersten Risse im Regierungsbündnis. Auch gab es zwischen Bundeskanzler Schmidt und seiner Partei seit Beginn der Wirtschaftsrezession und der wachsenden Arbeitslosigkeit Spannungen hinsichtlich des wirtschafts- und finanzpolitischen Kurses. Vor allem aber sorgte der sogenannte NATO-Doppelbeschluß (mit dem die Nachrüstung und die Stationierung von atomaren Mittelstreckenraketen für 1982 für den Fall vorgesehen waren, daß die diesbezüglichen Abrüstungsverhandlungen ohne Ergebnis blieben) für wachsende Belastungen innerhalb der Koalition. Die außerparlamentarische Friedensbewegung – die stärkste Bürgerwegung in unserer Demokratiegeschichte – erhielt immer mehr Zulauf und wurde für alle »alten« Bundestagsparteien zu einer Herausforderung, vor allem für die SPD.

Dennoch und trotz aller sich auftürmenden Schwierigkeiten hielt die Koalition noch zwei Jahre. Schließlich hatte man ja den Wählern 1980 versprochen, die sozial-liberale Koalition weitere vier Jahre fortzusetzen, und zudem seit über einem Jahrzehnt schon schwierigere Zeiten miteinander durchgestanden. Jetzt aber wurden die Gemeinsamkeiten nach und nach in Frage gestellt – ein Prozeß, der von der FDP-Führung seit Sommer 1981 beschleunigt wurde. Hinzu kamen Enthüllungen und Voruntersuchungen, die zum übelsten Skandal um illegale Parteispenden führten, den die Republik je erlebt hatte. Vor allem führende Liberale und Christdemokraten waren darin tief verstrickt. Düstere Wolken zogen sich über ihren Häuptern zusammen.

Noch während der sozial-liberalen Koalition war versucht worden, im Bundestag eine »Amnestie« für Parteispendensünder durchzuboxen, was am Widerstand in der SPD-Fraktion und bei einigen liberalen Abgeordneten gescheitert war. Die Steine des Anstoßes waren also ins Rollen geraten und spätestens seit Anfang 1982 nicht mehr aufzuhalten. Über den Ablauf der »Wende« – also des Regierungswechsels durch ein Mißtrauensvotum gegen Bundeskanzler Schmidt – gibt es viele Versionen. Auch existieren höchst unterschiedliche Rechtfertigungen dafür, weshalb und wie es schließlich im September 1982 zum Sturz des sozialdemokratischen, weit über Parteigrenzen hinaus angesehenen und erfolgreichen Kanzlers Schmidt kam. Ich füge hier keine weitere Variante hinzu, weil ich meine Meinung dazu bis heute nicht geändert habe.* Nicht nur für mein demokratisches Stilgefühl war und bleibt der Vorgang eine Verletzung des demokratischen Anstands – und daher unverzeihlich. Für die Folgezeit hinterließ er in unserer demokratische Kultur schweren Flurschaden mit Nachwirkungen bis heute. Zwar versprach der neue Bundeskanzler Kohl in seiner ersten Regierungserklärung eine »geistig-moralische Erneuerung«, aber das war sehr hochgegriffen. Statt dessen löste – bis zur »großen« Wende 1989 – ein politischer Skandal den anderen ab.

Sowohl im ersten als auch im zweiten Prozeß wegen illegaler Parteispenden wurden insgesamt vier hochrangige Sündenböcke – stellvertretend für ungezählte andere, die ungeschoren davonkamen – zu hohen Geldstrafen wegen Steuerhinterziehung verurteilt. Zu ergänzen wäre in diesem Zusammenhang, daß im Bundestag 1984 neuerlich unter schwersten Pressionen versucht wurde, eine Amnestie für illegale Spender durchzusetzen. Diesmal scheiterte sie nicht nur an der SPD, sondern auch am öffentlichen Widerspruch einiger wackerer FDP- und CDU-Abgeordneter und am Widerstand der FDP-Parteibasis. Daraufhin verzichtete der damalige Parteivorsitzende Genscher auf weitere Amnestiepläne und später auf den Parteivorsitz.

Wahrscheinlich wird sich nie klären lassen, ob und inwieweit der Wunsch nach einer solchen Amnestiegesetzgebung und die Angst vor einer Prozeßlawine, die ja die hauptbetroffenen bürgerlichen Parteien einte, für die und bei der Wende tatsächlich eine Rolle gespielt haben. Unappetitlich waren die Vorgänge in jedem Fall.

*

Abgesehen davon: Die ersten Regierungsjahre von Kanzler Helmut Kohl nach den 1983er Wahlen standen innenpolitisch unter keinem guten Stern. Die Skandalchronik wurde immer

---

* vgl. H. Hamm-Brücher, »Der Politiker und sein Gewissen«, Serie Piper 437, München 1984.

länger, und seine außenpolitischen Fauxpas – seine »falschen Schritte« – waren zahlreich.*

Wenn nicht die wirtschaftliche Erholung kräftige Fortschritte gemacht und Hans-Dietrich Genscher das außenpolitische Steuer nicht fest in der Hand behalten hätte und – trotz heftiger Attacken seitens des »Stahlhelm«-Flügels der CDU/CSU – kein Jota von seiner Richtung abgewichen wäre, wäre vieles außenpolitisch schiefgelaufen. Genscher war es – und mit ihm seine seit etwa 1987 wieder geschlossen hinter ihm versammelte Partei –, der eisern an den in der sozial-liberalen Koalition geschlossenen Verträgen und dem damit verbunden Kurs festhielt, er war es, der als erstes und lange Zeit einziges Kabinettsmitglied die Bedeutung Gorbatschows für Deutschland, Europa und den Weltfrieden erkannt hatte. Er war es, der den sogenannten KSZE-Prozeß vorantrieb und der sich um einen einigermaßen glaubwürdigen Gegenkurs gegen das Apartheids-Regime in Südafrika und die Rechtsdiktaturen in Lateinamerika bemühte.

Für das Ansehen und die Glaubwürdigkeit der Bundesrepublik und ihrer Repräsentanten waren es keine guten Jahre, wie auch alle demoskopischen Untersuchungen beweisen. So gaben 1989 60 % der Befragten an, daß »sich ihrer Meinung nach das Ansehen des Bundestages in den letzten fünf Jahren verschlechtert« habe**.

*

In diesen 80er Jahren habe ich so ziemlich alle Illusionen über Integrität und Anstand im Kampf um Macht, Einfluß und Mehrheiten verloren. Wie oft wurde nicht – angesichts häufig allwöchentlicher Skandal-Enthüllungen – »Betroffenheit« simuliert, die völlig folgenlos blieb und somit vom Bürger als pure Heuchelei empfunden werden mußte. War es in den 50er

---

* H. Hamm-Brücher, Der freie Volksvertreter – eine Legende? Serie Piper 1031, München 1990.

** Veröffentlicht in der Beilage zur Wochenzeitschrift »Das Parlament« am 8. September 1989.

und 60er Jahren »die Unfähigkeit zu trauern« gewesen, so war es in den 80er Jahren die Unfähigkeit, sich über das Ausmaß der Beschädigungen demokratischer Grundwerte klarzuwerden, die das politische Klima in der Bundesrepublik belasteten, zeitweise vergifteten. Von der Unfähigkeit zu überfälliger Umkehr ganz zu schweigen.

Unmittelbar spürbare politische Folgen waren ein rasantes Anwachsen der Demokratieverdrossenheit, des Ansehensverlustes der sogenannten »etablierten« Parteien und der Zulauf zu rechtsradikalen und neonazistischen Gruppierungen, die sich im Laufe der 80er Jahre in zahlreichen Splittergruppen, vor allem jedoch bei den »Republikanern« sammelten. Bereits 1986 erzielten diese bei den Landtagswahlen in Bayern beachtliche Erfolge, desgleichen 1988/89 bei den Europawahlen, bei den Kommunalwahlen in Berlin und Hessen (vgl. III.3.). Immer mehr »Denkzettel-Wähler« machten ihrem Frust damit Luft.

Die Parteienmisere, die Skandale und Affären hochrangiger Politiker trugen zur Verschlechterung der politischen Kultur bei. Deshalb fragte – anläßlich des 40. Jahrestages der Verkündigung des Grundgesetzes am 24. Mai 1989 – Bundespräsident Richard von Weizsäcker besorgt:

> »Wir haben uns hier versammelt, um unsere Verfassung zu feiern, weil wir sagen dürfen: Wir haben eine gute Verfassung. Aber es wäre doch eine oberflächliche Feierlichkeit ohne die ernsthafte Frage an uns: *Sind wir in einer guten Verfassung*?...
>
> Die Schlüsselrolle fällt den Parteien zu. Das Grundgesetz behandelt sie in seinem Artikel 21 mit souveräner Zurückhaltung. Das hat wenig bewirkt. Es hat die überragende Bedeutung der Parteien damit nicht zu bremsen vermocht...«

*

Nur wenige Monate später traten Unbehagen und Fehlentwicklungen im Freudentaumel der friedlichen Revolution in der DDR und der Öffnung der Mauer in den Hintergrund.

Diese eigentliche historische Wende Ende der 80er hatte sich bereits seit Mitte der 80er Jahre als Folge der von Präsident Gorbatschow verfolgten Politik der Perestroika angebahnt. Sie leitete die dramatische Ablösung der stalinistischen Herrschaft in Ost- und Südost-Europa ein, stärkte die Demokratie-Bewegungen dort und führte zu politischer Selbstbefreiung durch Wahlen. Sie beendete schließlich die Teilung Europas und die Ära des Kalten Krieges. Für uns Deutsche erfüllte sich der Traum der Wiedervereinigung, an dessen Erfüllung nur noch die wenigsten wirklich geglaubt hatten.

Angesichts des Zusammenbruchs der SED-Diktatur und ihres verrotteten Staats-, Gesellschafts- und Wirtschaftssystems mußte die Demokratie der Bundesrepublik in strahlender Reinheit und Vollkommenheit erscheinen. Im Anblick der Verhältnisse »drüben« verstummte seither Kritik und unterblieben überfällige Korrekturen vor der eigenen Tür und im eigenen Hause.

Dennoch: In Wirklichkeit sieht die Innenansicht unserer Demokratie heute nicht besser aus als vor der großen Wende 1989. Das Ansehen der Politiker ist im August 1991 auf einen neuen Tiefpunkt abgesackt: Laut Wickert-Umfrage denken im vereinten Deutschland nur noch 24% der Wahlberechtigten über Politiker positiv (Juli : 32%), 76% dagegen negativ (Juli: 68%).

Statt aber nun die Vereinigung zu einem neuen Anlauf, zur Selbstkritik und zur Belebung demokratischer Prozesse und Lebensformen zu nutzen, igeln sich die Bonner Mehrheitsparteien ein, verweigern sich einer Debatte um eine gemeinsame Verfassung und produzieren Selbstgefälligkeit und Überheblichkeit. Nach ihrer Ansicht braucht sich nichts, aber auch gar nichts zu ändern, weder angestammte Erbhöfe, noch das eigene Anspruchsdenken, weder die geschriebene noch die gelebte Verfassung. Als die Wahlsieger und Geldgeber sehen sie dazu keinen Anlaß. Ist das gerechtfertigt?

III. Gibt es eine zweite Schuld? Zur Geschichte der inneren Verfassung der BRD

»Wir alle, ob schuldig oder nicht, ob alt oder jung, müssen die Vergangenheit annehmen. Wir alle sind von ihren Folgen betroffen und für sie in Haftung genommen.
Jüngere und Ältere müssen und können sich gegenseitig helfen zu verstehen, warum es lebenswichtig ist, die Erinnerung wachzuhalten.
Es geht nicht darum, Vergangenheit zu bewältigen. Das kann man gar nicht. Sie läßt sich ja nicht nachträglich ändern oder ungeschehen machen. Wer aber vor der Vergangenheit die Augen verschließt, wird blind für die Gegenwart. Wer sich der Unmenschlichkeit nicht erinnern will, der wird wieder anfällig für neue Ansteckungsgefahren...
Für uns kommt es auf ein Mahnmal des Denkens und Fühlens in unserem eigenen Innern an...«

Richard von Weizsäcker, 8. Mai 1985

1. Die Last des Erinnerns

Als ich in den Sommerwochen dieses Jahres Berichte über den erbitterten Streit um die Errichtung eines Supermarktes auf dem Gelände des ehemaligen Frauen-Konzentrationslagers Ravensbrück las, erinnerte ich mich an die unendlich vielen Kontroversen, Anstrengungen, Fortschritte und Rückschläge, die wir während der letzten fünfundvierzig Jahre im Umgang mit der Erblast deutscher Verbrechen während der NS-Zeit durchlebt haben. Und ich erinnerte mich an die oben zitierten Sätze unseres Bundespräsidenten zum 40. Jahrestag des Kriegsendes. In diesem Sinne soll in diesem Kapitel vom Erinnern als *moralischer Verpflichtung* die Rede sein.

Jeder Mensch erlebt, daß es leichter und angenehmer ist,

sich im eigenen Leben der schönen und guten Erfahrungen zu erinnern als der schlechten. Das gilt auch für ein Volk. Es ist für uns beschwerlich und schmerzlich, die dunklen und dunkelsten Kapitel der eigenen und der nationalen Geschichte nicht totzuschweigen, zu bagatellisieren oder mit anderem Unrecht aufzurechnen.

Aber wir wissen auch, daß Erinnerungsarbeit in Form von Trauerarbeit Kräfte mobilisiert, weil sie zur Einsicht befreit und Umkehr möglich macht. Jeder von uns kann diese Erfahrung machen, und meist braucht er dafür Beistand – einen Freund, einen Seelsorger oder einen Therapeuten. Gilt das auch für ein Volk? Gibt es so etwas wie kollektive Anstrengungen zur Erinnerung und Trauer – und wer hilft uns dabei? Nun, hierfür gibt es aus den letzten fünfundvierzig Jahren viele Beispiele, positive und negative. Oft war es gerade die Tendenz zum Vergessen, Verdrängen oder Bagatellisieren, die starke aufrüttelnde und letztlich weiterführende Gegenimpulse freigesetzt hat.

Vergessen oder erinnern – »wüster Traum« (Theodor Heuss), den man abschüttelt, oder »Mahnmal in unserem eigenen Innern« (Richard von Weizsäcker), das uns begleitet?

Die Last des Erinnerns – das war für uns West-Deutsche eine wechselvolle, mühselige und nicht immer eindeutige Geschichte. Während die Deutschen, die nach 1945 in der sowjetisch besetzten Zone, später in der DDR lebten, amtlich und ab sofort und ein für allemal vom Nationalsozialismus »entsorgt« wurden, so daß »Wiedergutmachung« – in welcher Form auch immer – für sie kein Thema war und die braune Erblast einfach unter den SED-Teppich gekehrt und der »faschistischen« BRD überlassen wurde, haben wir uns über die Jahrzehnte immer von neuem, oft mehr schlecht als recht, mit vier Komplexen – im doppelten Wortsinn – auseinandersetzen müssen:

- mit dem von uns angezettelten Krieg;
- mit dem Völkermord und den Menschenrechtsverletzungen vor allem an Polen und Russen und millionenfachen Menschen- und Völkerrechtsverletzungen in anderen besetzten Ländern;

- mit der Vertreibung von und dem Holocaust an über sechs Millionen deutschen und europäischen Juden;
- mit dem Vermächtnis des deutschen und europäischen Widerstands und seiner Märtyrer.

*

Die ersten umfassenden Kenntnisse und Erkenntnisse hierzu hatten die Kriegsverbrecherprozesse nach 1945 gegen Nazi-Größen, Großindustrielle, Diplomaten, Ärzte, KZ-Aufseher erbracht, die bis zur Gründung der Bundesrepublik Deutschland durchgeführt worden waren. Sie sollten nicht allein der Bestrafung der Schuldigen, sondern auch der Aufklärung des unfaßbaren Geschehens und der Rechtssetzung für die Zukunft dienen.

Zunächst wirkten sie jedoch nicht in diesem Sinne, erzeugten bei den meisten Deutschen eher Sperren, gequälte Rechtfertigungen, aber auch dumpfes Nichtbegreifen. Kollektive Schuldzuweisungen jedweder Art wurden ohnehin zurückgewiesen. Als nach der Gründung der Bundesrepublik alle Straf- und Entnazifizierungsverfahren in deutsche Verantwortung übergingen, hatten wir keine Zeit mehr für diese Erinnerungsarbeit. Der Wiederaufbau und die Verbesserung unserer persönlichen Lebensverhältnisse nahmen unsere Kräfte voll in Anspruch. Wozu auch erinnern?

Wiederum war es Theodor Heuss – nicht Konrad Adenauer, der Bundeskanzler! –, der, als erster Bundespräsident unserer auf den Trümmern des Unrechtsstaates gegründeten Republik, die Erinnerungsarbeit mutig in Angriff nahm und bis zum Ende seiner zehnjährigen Amtszeit 1959 in den Mittelpunkt seines Wirkens stellte. Schon im Dezember 1949 mahnte er in einer Ansprache zur »Woche der Brüderlichkeit«, die er anrührenderweise »Mut zur Liebe« nannte:

> »Mir hat neulich einer geschrieben, ich solle doch nicht mehr gegen den Nationalsozialismus etwas sagen – der sei ein Stück geschichtlichen Schicksals gewesen, wie es eben über die Völker komme. Ich konnte ihm nur antworten: So be-

quem dürfen wir es uns nicht machen... um unserer Seele willen...«

Das war auch Mut zur Wahrhaftigkeit und ganz und gar nicht selbstverständlich, sondern eher unzeitgemäß. Denn damals witterten – wie bereits im Kapitel II.2. beschrieben – viele alte Nazis wieder Morgenluft. Der Kalte Krieg und die seitens der Rechtskonservativen vorangetriebene ideologische (kalte) Kriegsführung schienen ja die Nazis und ihren Krieg zumindestens im Prinzip im nachhinein zu rechtfertigen. Von der Rückkehr vieler auch unverbesserlicher Nazis in ihre Positionen war bereits die Rede, auch von der Gründung der SRP und ihrem Verbot 1952 (vgl. II.2.). Aber der NS-(Un)geist lebte weiter.

Ein Schlaglicht dafür war der sogenannte »Remer-Prozeß«, der 1952 auf Betreiben des mutigen Staatsanwalts Fritz Bauer gegen den ehemaligen Berliner Stadtkommandanten Major Remer (der am 20. Juli 1944 die Pläne der Verschwörer gegen Hitler an Goebbels veraten und damit zur Zerschlagung des Aufstandes beigetragen hatte), geführt wurde. Remer hatte als Vorsitzender der SRP unter teils lauter, teils schweigender Zustimmung wiederholt die Aktion des 20. Juli als »Hochverrat« und die beteiligten Offiziere als »Hochverräter« denunziert und diffamiert.

Dieser sich einschleichenden »Dolchstoßlegende« wollte Staatsanwalt Bauer mit einem Prozeß entgegentreten. In seinem Anklageplädoyer forderte er eine juristische Klarstellung zum Recht auf Widerstand. Er sagte unter anderem:

»Ich glaube, im Namen des deutschen Volkes sollten wir dagegen protestieren und uns klar und deutlich und mit Stolz zu unseren Widerstandskämpfern bekennen, die seit dem Jahre 1933 durch die Konzentrationslager gingen und mit eisernem Willen und heißem Herzen für die Grundrechte und Menschenrechte in Deutschland gekämpft haben.«

Unmißverständlicher war bis zu diesem Zeitpunkt von offiziellamtlicher Seite kein Bekenntnis zum Widerstand abgelegt worden. Und es gehörte Mut dazu. Das Braunschweiger Landgericht folgte dem Plädoyer Fritz Bauers und stellte in seinem Urteil ausdrücklich fest, daß die Widerstandskämpfer »aus heißer Vaterlandsliebe und selbstlosem, bis zur bedenkenlosen Selbstaufopferung gehendem Verantwortungsbewußtsein gegenüber dem Volk gehandelt« hätten. Damit war Bauers Ziel, einer neuerlichen Verklärung der NS-Zeit gerichtlich entgegenzutreten, erreicht.

Theodor Heuss tat das gleiche im politisch-öffentlichen Feld. Ich zitiere aus seiner Ansprache am 20. Juli 1954, in der er damals in der Bundesrepublik öffentlich »Dank und Bekenntnis zum Widerstand« ablegte:

> »Das Bekenntnis gilt nicht nur den inneren Motiven, sondern es umfaßt auch das geschichtliche Recht zu ihrem Denken und Handeln. Der Dank aber weiß darum, daß die Erfolglosigkeit ihres Unternehmens dem *Symbolcharakter* des Opferganges nichts von seiner Würde raubt: Hier wurde in einer Zeit, da die Ehrlosigkeit und der kleine feige und brutale Machtsinn den deutschen Namen besudelt und verschmiert hatten, der reine Wille sichtbar, im Wissen um die Gefährdung des eigenen Lebens den Staat der mörderischen Bosheit zu entreißen und... das Vaterland vor der Vernichtung zu retten...«

Und weiter:

> »Wir werden nicht verhindern können, daß in Hinterstuben diese oder diese Schmährede das Gedächtnis an diese Männer verletzt... diese Stunde aber soll Bekenntnis und Dank sein: Bekenntnis zur Gesinnung dieser Männer und Dank für ein Vermächtnis, das durch das stolze Sterben dem Leben der Nation geschenkt wurde... *Ihr Vermächtnis ist noch in Wirksamkeit, die Verpflichtung noch nicht eingelöst.*«

Dieses klare Bekenntnis wirkte befreiend, denn noch 1951 hielt mehr als die Hälfte der Bevölkerung die Männer des 20. Juli eindeutig für Verräter (das ergab eine Umfrage des Allensbacher Instituts 1951). Ich kann mich noch gut erinnern, daß diese Rede Theodor Heuss tatsächlich nicht nur aus den »Hinterstuben« Kritik eingebracht hat. Jedenfalls hat es noch viele Jahrzehnte gedauert, bis über die Bewertung des 20. Juli 1944 ein einigermaßen breiter Konsens erzielt wurde.

Für Heuss lag die positive Bedeutung des 20. Juli vor allem in der Tatsache, daß Menschen unterschiedlichen Herkommens und unterschiedlicher politischer Überzeugungen sich in der gemeinsamen Aufgabe zusammengefunden hatten, gegen den Unrechtsstaat Widerstand zu leisten. Er erkannte darin – trotz des Scheiterns aller Pläne – »eine deutsche Möglichkeit, die mit dem Mißlingen nicht untergegangen sein darf«.

*

Die 60er Jahre wurden erstmals auch Jahre der (Selbst-)Besinnung. Fünfzehn Jahre nach jener Rede von Theodor Heuss hat mich die Ansprache des dritten Bundespräsidenten Gustav Heinemann zum 20. Juli 1969 neuerlich tief bewegt, und zwar vor allem wegen seines persönlichen Schuldbekenntnisses: Er, der zu den mutigen Vertretern der Bekennenden Kirche gehört hatte und ein immer kompromißloser Gegner des Nationalsozialismus gewesen war, bekannte:

> »Mich läßt die Frage nicht los, warum ich im Dritten Reich nicht mehr widerstanden habe. Aus dieser Frage heraus habe ich als früheres Mitglied des Rates der Evangelischen Kirche Deutschlands die Stuttgarter Erklärung vom Oktober 1945 auch persönlich mitgesprochen... Ich klage mich an, daß ich nicht mutiger bekannt, nicht treuer gebetet, nicht fröhlicher geglaubt und nicht brennender geliebt habe.«

Auch wenn solche persönlichen Bekenntnisse des Erinnerns die Ausnahme waren und blieben, wirken sie doch weiter, wie man aus späteren Gedenkreden zum 20. Juli und zu anderen Gelegenheiten klar erkennen kann.

Wiederum ein Jahrzehnt später, am 20. Juli 1980, nahm der damalige Regierende Bürgermeister von Berlin, Richard von Weizsäcker, die Kontroverse um das Vermächtnis des 20. Juli neuerlich auf. Alle kleinlichen Interpretationen über

Motive und Absichten der Verschwörer schob er beiseite und bekannte:

> »Was fortwirkt, sind nicht historische Zusammenhänge oder politische Berechnungen bei den Verschwörern, sondern ihr Charakter, ihr Gewissen und ihre Tat.«

In ihrer Gesamtheit können die Reden zum Gedenken an die Opfer des 20. Juli 1944, die alljährlich von namhaften politischen Repräsentanten gehalten werden, als aussagekräftiger zeitgeschichtlicher Gradmesser der geistig-moralischen Rezeption des deutschen Widerstandes gewertet werden. Es lohnt sich, sie nachzulesen.

Aber es ging ja nicht nur um die Erinnerung an den Widerstand des 20. Juli. Immer ging es auch um die Aufarbeitung des Geschehens und die Konsequenzen für die Gegenwart. So gesehen waren die 50er Jahre ein erinnerungsfeindliches oder doch nicht -bereites Jahrzehnt. Wir jungen, unbelasteten entschiedenen Gegner der Nazis (ein vergleichsweise kleines Häuflein) haben uns damals oft gefragt, woher eigentlich die Kräfte für radikale Besinnung, Umkehr und Buße kommen sollten, ob und wie sie sich gegen die Uneinsichtigen, Unbelehrbaren, vor allem aber die zutiefst Enttäuschten, die Kaputten und Gleichgültigen durchsetzen könnten. Sie konnten es zunächst nicht.

Der neue Anstoß kam erst in den 60er Jahren von der Söhne- und Töchtergeneration. Sie begannen nachzudenken und bei ihren Eltern nachzufragen. Sie waren es, die die Tabus des Schweigens und Verschweigens durch ihre Eltern und Lehrer mit rigoroser Unbefangenheit, aber auch aufrichtiger Betroffenheit brachen. Sie wollten sich nicht mit der quasi-heroischen Geschichte des Wiederaufbaus von der Besatzungszeit zum selbstgeschaffenen Wirtschaftswunder begnügen. Der aufflammende Jugendprotest richtete sich gegen das Versagen der Väter.

Damals begann auch die Zusammenarbeit von evangelischen Christen und Juden auf Kirchentagen und die – von rechts mit Argwohn betrachtete – hingebungsvolle Tätigkeit der »Aktion Sühnezeichen«. Da kam das Buch von Alexander und Margarete Mitscherlich über die »Unfähigkeit zu trauern« zur rechten Zeit, um uns über die seelischen Folgen der Verdrängung die Augen zu öffnen.

Einen doppelten Schock bewirkten jene sich jahrelang dahinschleppenden Majdanek-Prozesse, einmal aufgrund der von überlebenden Zeugen aus den Vernichtungslagern geschilderten Leiden und ihrer totalen Ohnmacht und Hilflosigkeit gegenüber brutal-zynischen Verteidigern und Angeklagten, zum anderen wegen der anfänglichen Gleichgültigkeit der Öffentlichkeit, die zwanzig Jahre nach den Ereignissen weder von den Schrecken der Vernichtungslager etwas wissen wollte noch an einer Bestrafung der Täter sonderlich interessiert war. Es waren freiwillige Helfer – wie die Witwe des von den Nazis ermordeten Klaus Bonhoeffer, Emmi Bonhoeffer, Ursula Wirth und Frau Minssen –, und es waren mutige Journalisten wie Eberhard Fechner, die diese Prozesse begleiteten und das Gewissen einer erinnerungsfeindlichen Öffentlichkeit wachrüttelten.

Ende der 60er Jahre war die Mauer des Schweigens und Verschweigens endgültig durchbrochen. Namhafte Wissenschaftler, Theologen, Publizisten und Fernsehleute (leider vergleichsweise wenige Politiker) nahmen sich der versäumten Erinnerungsarbeit an. Die seither geleistete Aufklärungsarbeit trug zur Glaubwürdigkeit unseres demokratischen Gemeinwesens in der Nach-Hitler-Epoche und zu seinem Ansehen in der westlichen Völkergemeinschaft entscheidend und mehr bei als das Jahrzehnt des Verdrängens und der Verschleierung.

*

Aus der Bereitschaft zu individueller und kollektiver Erinnerungs- und Trauerarbeit erwuchs die politische Bereitschaft und Entschlossenheit zum noch schmerzlicheren und mühsameren Prozeß der Aussöhnung – vor allem mit den Völkern in Ost-Europa und den Menschen jüdischen Glaubens.

Mit dem Tag im Oktober 1965, als die »Oder-Neiße-Denkschrift« der Evangelischen Kirche erschien, die für Aussöhnung mit Polen und Anerkennung der Nachkriegs-Grenzen plädierte und damit einen unvorstellbaren – sowohl positiven als auch ablehnenden – Widerhall fand, begann auch der mehr als zwanzigjährige Weg zur »Ent«-Spannung, das heißt, zur Überwindung des zuerst von Hitler, dann von Stalin und schließlich im Kalten Krieg auch vom Westen verordneten Freund-Feind-Denkens. Wir Deutschen mußten dazu den ersten Schritt tun. Symbolisiert wurde diese Bereitschaft zur Erinnerung, zur Trauer und zur Bitte um Vergebung an jenem 7. Dezember 1970, als der damalige Bundeskanzler Willy Brandt vor dem Erinnerungsmal des Warschauer Ghettos kniete. Wie viele Deutsche guten Willens schämte ich mich meiner Tränen nicht. Der politisch steinige Weg durch die folgenden zwanzig Jahre bis zum glücklichen Ende des Kalten Krieges, bis zur Öffnung von Mauern und Grenzen und zum europäischen Zusammenwachsen wäre ohne dieses mehr als nur symbolische Bekenntnis nicht erfolgreich gewesen.

Mut zum Erinnern als moralisch-sittlicher Imperativ der Nach-Hitler-Epoche ist seither in vielerlei Weise weitergetragen worden und zum Ausdruck gekommen. Besonders ermutigt wurde er durch jene anfangs zitierte Rede, die Richard von Weizsäcker am 8. Mai 1985 stellvertretend für uns alle hielt. Es war schön zu erleben, welche Wirkung sein eindringliches und überzeugtes Bekenntnis zum Erinnern besonders auf junge Menschen ausübte.

Beispiele für weiterführende Erinnerungsarbeit gibt es viele. Abgesehen von wertvollen Filmen, Fernsehdokumentationen und Büchern sind es Aktivitäten – vor allem junger Menschen. Zum Beispiel von Schülern, die mit Hilfe ihrer Lehrer die Geschichte ihrer Stadt während der Nazi-Zeit aufarbeiten und dem Schicksal politischer Gegner und jüdischer Mitbürger nachspüren. Da werden Dokumente gesammelt und gesichtet, ehemalige jüdische Mitbürger eingeladen, Ausstellungen veranstaltet etc. Viele Lehrer, Jugendliche und Pfarrer haben sich mehr als je zuvor für die Vermittlung unserer politischen Geschichte engagiert. Auch Kirchentage und Synoden wurden zu Foren der Erinnerung und Besinnung für Jung und Alt.

Ein anderes Beispiel zur Umsetzung von Erinnern in Handeln ist die – erst nach jahrelangem, zähem Einsatz Mitte der

80er Jahre durchgesetzte – Jugendbegegnungsstätte im ehemaligen Vernichtungslager Auschwitz. Sie ist das Verdienst der »Aktion Sühnezeichen« und ihrer jungen Mitarbeiter. Ein ähnliches Projekt wurde gegen den militanten Widerstand der CSU- und REP-Mehrheit im Dachauer Stadtrat sowie der bayerischen Regierung 1990 im ehemaligen KZ Dachau angebahnt.

Und: Kinder und Kindeskinder von Widerstandskämpfern engagierten sich zunehmend gegen neuerwachte antisemitische und pronazistische Tendenzen. Um das Andenken an den studentischen Widerstand wachzuhalten, wurde 1985 in München die »Weiße-Rose-Stiftung« ins Leben gerufen. Die Kirchen und ihre Einrichtungen engagieren sich verstärkt in der Auseinandersetzung um »Erinnerung und Versöhnung«. Christlich-jüdische Arbeitsgruppen oder Gesellschaften gibt es fast überall. Immer sind es zwar nur Minderheiten, die sich der Erinnerungsarbeit verpflichtet fühlen, aber sie wirken ins öffentliche Bewußtsein.

Mehr als Worte überzeugen auch Ausstellungen und Dokumentationen von Leid und Qual der Verfolgten, wie dies beispielsweise am Ort des ehemaligen Hauptquartiers der Gestapo in Berlin in der Prinz-Albrecht-Straße, in seinen freigelegten Gefängnis-Katakomben, eindrucksvoll gelungen ist.

Seit etwa Mitte der 70er Jahre kommt vor allem dem Fernsehen mit seinen großen Dokumentar- und Spielserien über die Hitlerzeit eine besonders dankenswerte Aufklärungsfunktion zu. Es begann mit der eher emotional anrührenden amerikanischen Serie »Holocaust«, mit der erstmals ein Durchbruch zur Erinnerungsarbeit in deutschen Familien gelang. Dann folgten die Dokumentarserie über die Majdanek-Prozesse von Eberhard Fechner, die bewegenden Gespräche mit Angehörigen von Widerstandskämpfern des 20. Juli, die Irmgard von zur Mühlen führte, der aufwühlende Film des polnisch-französischen Regisseurs Claude Landsman, »Shoa«, und die »Spurensuche« bei überlebenden Opfern durch Lea Rosh und Eberhard Jäckel.

All diese Bemühungen zusammengenommen haben entscheidend dazu beigetragen, daß das Bewußtsein der Deutschen – auch gerade junger Deutscher – für das schreckliche Geschehen und unsere fortwirkende Verantwortung heute sehr viel sensibler geworden ist, als das in der ersten Nachkriegszeit der Fall war.

Meßbare Ergebnisse bestätigen das: Während bei einer Allensbach-Umfrage noch 1969 über 56% der Befragten dafür waren, »einen Schlußstrich unter die Vergangenheit zu ziehen« und Naziverbrechen nicht weiterzuverfolgen, fiel dieser Anteil 1979 auf 47% – während der Anteil derer, die sich gegen einen »Schlußstrich« aussprachen, von 23 auf 40% anstieg (13% waren unentschieden). Bei den Altersgruppen bis 29 Jahre waren es fast 50%.

Natürlich gibt es in einem Land mit großer Meinungsfreiheit auch immer wieder verharmlosende, den Nazismus verherrlichende oder den Widerstand diffamierende Veröffentlichungen und Handlungen. Sie finden in unbelehrbar rechten Zirkeln ihr Publikum.

Wenn ich heute mit Freunden in der ehemaligen DDR über diese wechselvollen Etappen im Umgang mit Erinnerung und Aufarbeitung der Nazi-Zeit spreche, dann erzählen sie von den Verdrängungsmechanismen in der DDR während der SED-Herrschaft. Aber nun kehrt auch dort – und zwar sehr vehement, wie am Beispiel Ravensbrück deutlich wurde – unterdrückte Erinnerung zurück und verlangt nach verspäteter Auseinandersetzung. Dabei dürfen wir alle uns nicht entmutigen lassen, wie unsere mühsamen und keineswegs nur von Erfolgen gekrönten Bemühungen aus fünfundvierzig Jahren beweisen. Nur auf dem mühsamen Umweg über die Erinnerung an die politische (Vor-)Geschichte unserer Demokratie, an Schuld und Versagen können wir zu guter Letzt eine gemeinsame demokratische und nationale Identität (wieder)-finden.

2. Politisch und menschlich handeln nach Auschwitz

Im »Einigungsvertrag« zwischen der Bundesrepublik und der DDR fehlt ein eindeutiger Hinweis auf die Ursachen der deutschen Teilung und auf unsere fortwährende Verantwortung hierfür. Das ist ein Versäumnis, das ich in meiner letzten Bundestagsrede am 20. September 1990 mit folgenden Worten kritisiert habe:

> »Mit den Staatsverträgen allein – mögen sie noch so vollständig und vorzüglich sein – wird es keinen neuen demokratischen Anfang geben, auch nicht mit einer einmaligen Wahlentscheidung am 2. Dezember, bei der es ja um den Machtanteil der Parteien geht, nicht aber um die Grundlagen und die Grundwerte einer gemeinsamen deutschen Verfassung, einer geschriebenen, einer *ge*lebten und *er*lebten Verfassung. Deshalb möchte ich dafür plädieren, daß wir die Chance nutzen, die die Vereinigung für einen neuen gemeinsamen demokratischen Anfang eröffnet.
>
> Dazu gehört auch und vor allem, daß wir nicht vergessen und verdrängen dürfen, was zum militärischen, staatlichen, politischen und gesellschaftlichen Zusammenbruch 1945 und in der Folgezeit zur deutschen Teilung geführt hat.
>
> Wir wissen aus leidvoller Erfahrung, daß dieses Erinnern für uns immer wieder eine mühsame Aufgabe war und daß es das auch in Zukunft bleiben wird, ob es sich um die unerledigten Kapitel der Nazi- oder nun auch der Stasi-Vergangenheit handelt.
>
> So gelesen, liebe Kolleginnen und Kollegen, halte ich die *Präambel zum Einigungsvertrag* und die entsprechenden Passagen in der dazugehörigen *Denkschrift* leider für völlig ungenügend. Hier hätte – statt in verschwommenem Beamtendeutsch zu formulieren – mit einem klaren moralischen Bekenntnis zu unserer geschichtlichen Erblast ein guter neuer Anfang gemacht werden können.
>
> Das ist leider versäumt worden, und ich bedaure das.«

Erinnerungs- und Trauerarbeit als geistig-intellektuelle Anforderung, das war – wie im vorigen Kapitel dargestellt – ein ebenso schmerzlicher wie langwieriger Prozeß. Aber »Erinnern« war nur ein erster Schritt – der Versuch »wiedergutzumachen« ein zweiter, dem weitere in einem geduldigen Aussöhnungsprozeß folgen mußten.

Materielle, humanitäre und moralische Wiedergutmachung an den Opfern rassischer, politischer, religiöser und sozialer Verfolgung zu leisten, das umfaßt ein nicht minder qualvolles Kapitel in der Geschichte der BRD, über das ich nun (auszugsweise) berichte. Ich beginne mit jenem ersten Staatsvertrag mit dem Staat Israel, den Konrad Adenauer mit Ben Gurion Anfang der 50er Jahre persönlich ausgehandelt hatte und der in den Reihen seiner Partei – und in der Koalition mit FDP und DP – alles andere als helle Begeisterung auslöste (vgl. II.2.).

In der Debatte über diesen Vertrag gab es laut Sitzungsprotokoll vom 18. März 1953 – ausgenommen Bundeskanzler Adenauer, die Redner der SPD und den CDU-Abgeordneten Gerstenmaier – keinen Beitrag, in dem die Wiedergutmachungsverpflichtung gegenüber Israel uneingeschränkt und aus wirklicher Überzeugung zum Ausdruck gebracht worden wäre. Schweigende Verklemmung herrschte vor.

Wenn die SPD-Opposition nicht geschlossen für den Vertrag gestimmt hätte, er wäre nicht – oder nur mit einer beschämend knappen Mehrheit – angenommen worden. Hier das Abstimmungsergebnis: In der 146köpfigen CDU/CSU-Fraktion stimmten nur 84 Abgeordnete mit JA, 5 mit NEIN, 40 enthielten sich, und 18 Abgeordnete fehlten. Bei der 49köpfigen FDP-Fraktion sah es noch schlechter aus: Nur 17 JA-Stimmen, 5 NEIN-Stimmen, 19 Enthaltungen, 8 fehlten. Von der 20 Mitglieder zählenden Fraktion der rechtskonservativen »Deutschen Partei« stimmten gar nur 5 Abgeordnete mit JA.

*

Diese unverhüllt wiedergutmachungsfeindliche, zumindest gleichgültige Einstellung zeigte sich auch bei der eigentlichen individuellen *Wiedergutmachungsgesetzgebung* zugunsten der Opfer, die überlebt hatten. Auch hierüber muß ich Bundestagsprotokolle und Dokumente sprechen lassen.

Das erste Wiedergutmachungsgesetz wurde buchstäblich in letzter Stunde der ersten Legislaturperiode (1953) beschlossen. Es war so unzulänglich, daß die Regierung bereits zwei Jahre später in Novellierungsverhandlungen gehen mußte. »Böse Verwaltungspraktiken«, die oft an »passiven Widerstand« grenzten, waren bei der Durchführung des ersten Gesetzes bekanntgeworden. So heißt es in dem offiziellen Bericht des zuständigen Bundestagsausschusses vom 6. Juni 1956:

»Der Ausschuß hat mit Erschrecken und Entsetzen Entscheidungen von Entschädigungsbehörden und -gerichten zur Kenntnis genommen, in denen eine Art des Denkens zum Ausdruck kommt, die zum völligen Versagen, ja zum Teil in das Gegenteil der Wiedergutmachung führen muß...«

In der Debatte vor der Verabschiedung des Gesetzes empört sich der SPD-Abgeordnete Dr. Greve:

»Es sind uns Fälle bekannt, von denen wir gar nicht angenommen haben, daß sie je bei den Behörden Bedenken hervorrufen würden. Ich denke an den Fall einer Jüdin, der es, nachdem sie im Jahre 1940 in Polen ins Ghetto gebracht worden war, gelang, sich aus dem Ghetto zu befreien und als Christin und Polin zu leben...«

Sie habe aber von den deutschen Behörden »keinen Anspruch auf Schaden wegen Freiheitsentzug« zugestanden bekommen, »da sie nun nicht als Jüdin, sondern als christliche Polin gelebt habe und *deswegen* ins Konzentrationslager gekommen sei...«

Und weiter:

»Es ist immer wieder davon gesprochen wurden, daß es auf den Geist ankommt, den derjenige hat, der das Gesetz in der Praxis anwenden muß. Es kommt aber auch darauf an, in welchem Geist wir dieses Gesetz verabschieden, ob wir das *unlustig und unwillig* tun oder ob wir wirklich mit innerer Anteilnahme an die Verabschiedung dieses Gesetzes herangehen.

Die Öffentlichkeit – nicht nur die deutsche, sondern auch die Weltöffentlichkeit – spürt ganz genau, wie man hier in dieser Stunde sich zu den Fragen der Wiedergutmachung und der Wiederherstellung des verletzten Rechts stellt. Das sind Dinge, die wir nicht übersehen sollten..

An uns ist es, diese Rechtsgrundlage zu schaffen. Wenn wir es wollen, können wir die Rechtsgrundlage dafür schaffen, daß die Opfer der nationalsozialistischen Verfolgungen wenigstens in gleicher Weise versorgt werden wie diejenigen, die sie verfolgt haben...

Es wird die Aufgabe dieses Hauses sein, wenn sich in der Zukunft herausstellt, daß hier noch etwas getan werden muß, dies auch zu tun. Wenn heute schon wieder zur Diskussion steht, für die sogenannten 131er 180 oder 200 Millionen DM auszugeben, heute wo dieses Bundesentschädigungsgesetz noch nicht verabschiedet ist, dann habe ich dafür kein Verständnis.

Wir wissen nur zu genau, daß ein Betrag von 150 DM überhaupt keine Entschädigung, überhaupt keine Leistung im eigentlichen Sinne für diejenigen ist, die dafür einen Monat im Konzentrationslager zubringen mußten. Wir wissen genau, daß Schäden, die an Körper und an Gesundheit eingetreten sind, teilweise nur unzulänglich ausgeglichen werden...

Ich glaube, es wäre ein Verhängnis, wenn wir uns nicht mit aller Deutlichkeit von den Untaten, von den Unrechtstaten absetzten, die Deutsche begangen haben. Nicht das Vergessenwollen, sondern das Nichtvergessenwollen ist es, das überhaupt dazu beitragen kann, dem deutschen Namen wieder das Ansehen von einst zu geben, damit wir wieder aufrecht durch alle Länder der Erde schreiten können. Wir dürfen nicht vergessen und wollen auch nicht vergessen...«

Welch ein Dokument des moralischen Mutes in dieser ansonsten wenig mutigen Nach-Hitler-Epoche ist diese Rede! Trotz des leidenschaftlichen Engagements des Abgeordneten Greve und der SPD kann man auch in dieser individuellen Wiedergutmachungsgesetzgebung von einer wirklich überzeugenden Einmütigkeit aller Parteien nicht sprechen. So ist es bis heute – trotz großer finanzieller Leistungen, die sich auf über 70 Milliarden

DM belaufen – leider geblieben. Populär sind die materiellen Beiträge zur Wiedergutmachung nie geworden. Hierzu noch ein Zitat eines Fachmanns für Wiedergutmachung anläßlich einer Anhörung im Jahre 1988. Er stellte fest:

> »Obwohl in der Präambel des Bundesentschädigungsgesetzes ausdrücklich festgestellt wurde, daß der... aus Überzeugung oder um des Glaubens oder um des Gewissens willen gegen die nationalsozialistische Gewaltherrschaft geleistete Widerstand ein Verdienst um das Wohl des deutschen Volkes und Staates war, gab es bei den Wiedergutmachungsleistungen sehr viele Verzögerungen und Ungerechtigkeiten. Die Entscheidungen waren besonders vor 1956 im Vergleich zu Leistungen, die die Angehörigen von Kriegsgeschädigten erhielten, gering. Die Forderung, Nachweise einer aktiven Oppositionshaltung zu erbringen, war oft beschämend. Aufgrund der geringen materiellen Wiedergutmachung der Widerstandskämpfer läßt sich ablesen, welche geringe offizielle Bedeutung ihnen in der Anfangsphase der Bundesrepublik beigemessen wurde.«

*

Das sogenannte Wiedergutmachungs-Abschlußgesetz, das 1965 erlassen wurde, hinterließ eine folgenschwere Lücke: Millionen Menschen, allesamt Opfer sozialer Verfolgung, wie Angehörige von Euthanasie-Opfern, Zwangssterilisierte, Homosexuelle, Sinti und Roma, dazu polnische, russische und andere unter unsäglichen Qualen ausgebeutete Zwangsarbeiter – sie alle wurden bei der Wiedergutmachung nicht berücksichtigt.

Während Pensionen an ehemalige Nazis aller Schattierungen und an deren Angehörige mit vollen Händen ausgegeben wurden (besonderes Aufsehen erregte die Pension der Witwe des Blutrichters Freisler von über 5.000 DM monatlich!), erhielt ein ehemaliger Häftling pro Monat KZ-Haft ganze 150 DM. Für nichts habe ich mich als Bundesdeutsche mehr geschämt als für die ungeneröse, kleinkarierte Pfennigfuchserei bei der sogenannten Wiedergutmachung. Hoffentlich verfährt man bei den Opfern des SED- und Stasi-Terrors großzügiger!

Erst seit 1985 gelang es mit Hilfe einer fraktionsübergreifenden Initiative im Bundestag, nun endlich auch die vergessenen Opfer sozialer Verfolgung für die erlittenen Schäden an Leib und Seele zu »entschädigen« – leider allerdings nur mit beschämenden 5.000 DM! Ich wage das Wort »entschädigen« in diesem Zusammenhang kaum – nicht einmal in Anführungsstrichen – zu Papier zu bringen. Daß wenigstens dies erreicht wurde, ist neben der Beharrlichkeit einiger weniger Abgeordneter aus allen Fraktionen vor allem dem aufklärerischen Engagement des Journalisten Ernst Klee und von Medizinern wie dem Psychiater Klaus Dörner und seinen Arbeitsgruppen zu verdanken. Sie haben das bittere Unrecht, das diesen Menschen während und nach der Nazi-Zeit widerfahren ist, dokumentiert und damit das öffentliche Gewissen wachgerüttelt.

Ich wünsche mir, daß dieser Teil der unvollendeten Wiedergutmachung ebenso wie die nun bevorstehende Wiedergutmachung an den Opfern der SED-Herrschaft abgeschlossen wird, *bevor* das letzte Opfer ohne materielle Entschädigung gestorben ist. Erledigte sich die Wiedergutmachungspflicht durch Pflichtvergessenheit und Zeitablauf, wäre das ein beschämendes Ende.

*

Politisches Handeln und menschliches Verhalten nach Auschwitz umfaßt leider noch weitere unerfreuliche Tatbestände hinter der nach außen so erfreulichen Fassade der BRD. Wir Deutschen waren kein Volk von Widerstandskämpfern! Wir waren überwiegend Mitläufer, Wegseher, unserer Tradition entsprechend gehorsame Untertanen. Wir hatten es uns »zu leicht gemacht«, wie Heuss richtig feststellte, »uns in die Fesseln des Nationalsozialismus zu begeben«. Wie stand es nun um die persönliche Bereitschaft, die Zusammenhänge zwischen eigenem und kollektivem Verhalten während der Nazi-Zeit zu erkennen und wo auch immer möglich wiedergutzumachen? Haben wir – wie der Schriftsteller Ralph Giordano bitter festgestellt hat, »eine zweite Schuld« als Folge des Verdrängens, Versäumens, Bagatellisierens auf uns geladen?

Umfragen aus der Nachkriegszeit sprechen eine ebenso deutliche wie ernüchternde Sprache. Ich habe sie wiederholt zitiert. Auch wurden die Prozesse gegen Nazi-Verbrecher aller Kategorien – von Ärzten und Richtern bis zu KZ-Bewachern, die sadistisch gemordet hatten – jahrzehntelang verschleppt (kein einziger der 500 Nazi-Richter, die allein zwischen 1942 bis 1945 über 5.000 Todesurteile verhängten, ist nach 1949 zur Rechenschaft gezogen worden). Da ist auch an das laxe Vorgehen gegen die Verbreitung der »Auschwitz-Lüge« in Wort und Schrift zu erinnern, um deren strafrechtliche Verfolgung sich jahrelang ein beschämendes Gezerre abspielte. Und da ist die – selbst auf höchster Regierungsebene geübte – Verharmlosung des immer wieder aufkeimenden Antisemitismus (vgl. III.3.), die uns Deutschen nach Auschwitz doch niemals wieder erlaubt ist.

Es war zwar keine »zweite Schuld«, wohl aber waren es immer wieder Gleichgültigkeit, Vergeßlichkeit, Verharmlosung, die wir uns haben zuschulden kommen lassen.

*

Als positives Gegenbeispiel muß die Debatte über die strafrechtliche Verjährung von Mord bei Nazi- und Kriegsverbrechen erwähnt werden, die nach jahrelangen, leidenschaftlich geführten, kontroversen Auseinandersetzungen mit einer bemerkenswerten Bundestagsentscheidung endete. Die Verjährungsfrist wurde am 3. Juli 1979 endgültig aufgehoben. Immerhin konnten seither wenigstens noch einige der bis dahin verschleppten Prozesse gegen Ärzte, die mit Menschen experimentiert und an Euthanasiemorden mitgewirkt hatten, durchgeführt werden – in jüngster Zeit gegen jenen unseligen KZ-Aufseher Josef Schwammberger, einen der vielen mit heiler Haut davongekommenen NS-Menschenschinder.

Schließlich muß als positiv erwähnt werden, daß in unser Grundgesetz nachträglich ein Widerstandsrecht aufgenommen wurde. Im Zuge der Verfassungsänderung, die die Einführung der sogenannten »Notstandsgesetze« enthielt, wurde 1968 – gleichsam als eine Art Gegengewicht gegen die mit der Notstandsverfassung verbundene Ausweitung der Rechte der Exekutive in Art. 20 Abs. 4 GG – ein Widerstandsrecht mit folgendem Wortlaut konstituiert:

> »Gegen jeden, der es unternimmt, diese Ordnung zu beseitigen, haben alle Deutschen das Recht auf Widerstand, wenn andere Abhilfe nicht möglich ist.«

Die Interpretation dieses Widerstandsrechtes ist allerdings sehr unterschiedlich, wie wir bei aktuellen Anlässen, zum Beispiel bei Aktionen der Friedensbewegung, erlebt haben.

*

Politisches Handeln und menschliches Verhalten nach Auschwitz, das betrifft aber auch Bewährung in Gegenwart und Zukunft. Sie muß auf vielen Feldern der Politik erbracht werden: in der Menschenrechtspolitik ebenso wie im Aufbegehren gegen unsere verlogene Rüstungsexport-Politik (die offiziell als »restriktiv« bezeichnet, aber infolge laxer Kontrollen schamlos ausgeweitet wurde bis zur Mithilfe beim Bau von Giftgas- und Atomwaffenfabriken) – im Umgang mit Minderheiten, Asylsuchenden und Flüchtlingen ebenso wie in der Abwehr von Rassismus in der jeder Form. Auch unter dieses Kapitel der Vergangenheit werden wir in absehbarer Zeit keinen »Schlußstrich« ziehen können. Die Bewährung liegt hierfür nicht hinter, sondern immer von neuem vor uns.

Sie betrifft auch unsere Verantwortung für das kostbare und unveräußerliche Gut der *Menschenrechte* und *Menschenwürde*. Dieses Gut wurde bei uns in der Nazi-Diktatur – wie wir wissen – abermillionenfach mißachtet, und bis heute vergeht kein Tag, an dem wir nicht aus vielen Ländern der Welt von schrecklichen Verstößen erfahren. In diesen Fällen haben wir Deutschen eine besondere Verpflichtung. Deshalb ist es so wichtig, sich in Menschenrechtsfragen auch persönlich zu engagieren. Dank schulden wir hier christlichen Gruppen, den Mitstreitern von »amnesty international« und anderen.

Auch im eigenen Land haben wir in Sachen Menschenrechte immer wieder einmal Nachholbedarf. Gewiß gibt es bei uns keine spektakulären Verletzungen, wohl aber geht es um jene Läßlichkeiten und Gedankenlosigkeiten, denen wir, wo immer sie einreißen, entgegentreten müssen. Die »Sünde des Wegsehens« nannte es Theodor Heuss. Ob es sich um das Verhalten gegenüber und den Umgang mit Ausländern, Asylbewerbern oder Minderheiten handelt, ob es um die gebotene Wachsamkeit gegenüber wiederaufflammendem Antisemitismus geht – immer müssen wir in unserem politischen und persönlichen Denken und Handeln dessen eingedenk sein, was in deutschem Namen in Auschwitz von Deutschen verschuldet wurde. Auch aus Unterlassen und Wegsehen kann eine zweite Schuld erwachsen.

3. Über die Wiederkehr des Verdrängten

Beinahe täglich gibt es Zeitungsberichte über zunehmende rechtsextremistische und ausländerfeindliche Manifestationen und Ausschreitungen in den neuen Bundesländern. Unsere westlichen Reaktionen darauf sind sehr selbstgerecht. »Ja, so sind sie eben, diese OSSIS. Kaum der SED-Herrschaft entronnen, werden sie wieder Nazis...«, so reagieren die einen. »Da ist es ja bei uns vergleichsweise noch Gold...«, meinen die anderen. Wenn wir redlich versuchen, uns über die eigene einschlägige Chronik der ständigen Wiederkehr des Verdrängten Rechenschaft abzulegen, dann ist es keinesfalls so, als ob wir über die Jahrzehnte frei gewesen wären von Vor- und Rückfällen solcher Art. Unser einschlägiges Sündenregister ist lang und unerfreulich.

Zwar sind auch andere europäische Länder nicht frei von ähnlichen Tendenzen, aber sie sind nicht mit jenen schrecklichen Erfahrungen und Folgen belastet wie wir. Bei uns muß die Wiederkehr des Verdrängten immer besondere Ängste und vor allem entschlossene Gegenwehr auslösen. Mit solchen Tatsachen haben wir es in unserer Geschichte seit 1945 – wie bereits in anderen Zusammenhängen beschrieben – immer wieder zu tun gehabt.

Zum einen in bestimmten Parteien, dann aber auch aufgrund gesellschaftlicher Zeitströmungen: Anfang der 50er Jahre war es die SRP, in den 60er Jahren die NPD, und neuerlich waren es die REPs, die zum Sammelbecken von Alt- und Neonazis, für extremistische Haßgefühle und nationalistische Großmannssucht wurden. Und sie trafen und treffen dabei auf ein weites Sympathisantenfeld. Demzufolge haben wir keinerlei Veranlassung, mit dem Finger-West auf Deutsche-Ost zu zeigen. Weder »Völkerfreundschaft« noch die »multikulturelle oder multirassische Gesellschaft« lassen sich einfach verordnen. Allenfalsl wachsen sie in langen Prozessen, die auch wir gerade erst – allerdings mit vierzig Jahren Vorsprung – verstandesmäßig zu begreifen begonnen haben. Und wie viele Rückfälle hat es da im Laufe der Jahrzehnte immer wieder gegeben und gibt es bis heute! Aus der Auseinandersetzung mit ihnen sind uns jedoch auch viele positive Gegenkräfte erwachsen. Das kann in den neuen Bundesländern ebenso gelingen – wie heute schon Beispiele von Bürgerinitiativen in Görlitz und Frankfurt/Oder zeigen. Im übrigen ist auch der Rechtsextremismus in der ehemaligen DDR von WESSIS importiert, organisiert und trainiert worden. Desgleichen der Streit um das Asylrecht.

*

Die Geschichte rechtsextremer Gruppierungen und Ideologien seit 1945 spricht eine beredte Sprache: Schon Ende der 40er Jahre gründeten sich die ersten Nazi-Veteranen-Vereinigungen, deren Kameradschaftstreffen und Aktivitäten bei Regierungen und Verwaltungen zumeist weniger Anstoß erregten, als es »linke« Proteste taten. Und dann folgte die politische Sammlung in Rechtsparteien. Von ihren Erfolgen war bereits die Rede (vgl. II.2.). Auf diesem Nährboden gedieh das offiziell Verdrängte: Fremdenfeindlichkeit mit »Ausländer-raus«-Parolen und neuer Antisemitismus (latent antisemitisch sind immer 15 bis 20% der Bevölkerung). Nur ein einziges Mal in seiner vierzigjährigen Geschichte hat der Deutsche Bundestag

– am 27. Februar 1986 – den Mut aufgebracht, über Antisemitismus zu debattieren. Und das nicht auf die Initiative einer Fraktion hin oder besser noch aller Fraktionen gemeinsam, sondern als Vorstoß einzelner Abgeordneter aus allen Fraktionen – mit Ausnahme der CDU/CSU. Anlaß waren damals sich häufende antisemitische Äußerungen von CSU- und CDU-Politikern, keineswegs nur solcher aus dem hintersten Glied, wie z. B. dem Bürgermeister von Korschenbroich und dem ehemaligen Bundestagsabgeordneten Fellner.*

Zwar war man sich in der verbalen Verurteilung von Antisemitismus immer einig, hinsichtlich des Handlungsbedarfes aber gab es deutliche Differenzen. Fehldeutungen, Verharmlosungen und Ausreden überwogen und überwiegen.

Es war also kein Wunder, daß die REPs und ihre Wortführer verstärkt in dieses Horn stießen und daß sie ab 1985 erfolgreich im trüben braunen Wählersumpf fischen konnten.

Zunächst überwog in der offiziellen Politik Kurzsichtigkeit auf dem rechten Auge. Erst als es den REPs bei Wahlen gelang, die 5-Prozent-Hürde zu überspringen, stellten sich bei den »Altparteien« Katzenjammer, Wehklagen, aber auch Nachdenklichkeit ein. In einer Analyse über die Ursachen der REP-Erfolge schrieb ich im August 1989:

»– Die REPs und ihre Wähler stehen in größter Distanz zum politischen System. Während die Bevölkerung insgesamt zu 2/3 mit dem System zufrieden sind, sind es bei den REPs nur 1/3. Den demokratischen Institutionen (Parteien, Parlamenten, Regierungen) bringt nur jeder dritte REP-Wähler Vertrauen entgegen.
– Alle Parteien – mit Ausnahme der CSU – werden negativ beurteilt.
– 64% der REP-Wähler sagen »Nein« zur Anerkennung der Oder-Neiße-Linie.
– Fast 2/3 sehen in der EG-Mitgliedschaft nur Nachteile.
– Die NS-Vergangenheit wird geschönt, rehabilitiert bis

* vgl. H. Hamm-Brücher, »Der freie Volksvertreter – eine Legende?« Serie Piper 1031, München 1990.

verherrlicht: Es war nicht so schlimm, – man hat nichts gewußt, – vieles war gut, – das westliche Ausland sei nur neidisch auf die Tüchtigkeit und den Wohlstand der Deutschen, usw.

- Solcherlei nationalsozialistische Grundstimmung, gepaart mit Sozialneid, kumuliert in der ablehnenden Haltung gegenüber Ausländern und neuen Animositäten gegen Juden, Polen u. a. .. Weit mehr als andere Bürger sind REP-Wähler der Meinung, daß Asylanten, Gastarbeiter und Aussiedler ›die Sozialleistungen mißbrauchen‹, ›die Arbeitslosigkeit steigern‹ und ›das Wohnungsproblem verschärfen‹. Diese Einstellung hat seit der Vereinigung rasant zugenommen.

Dieses rechtsextremistische Wählerpotential wird begünstigt durch

- die abnehmende Bindungsfähigkeit bzw. -kraft der Volksparteien;
- die wachsende Bereitschaft, das Wahlverhalten – meist aus emotionalen Gründen – kurzfristig zu ändern;
- den allgemeinen Ansehensverlust der politischen Institutionen, hier vor allem der Parteien und der Parlamente;
- den Kompetenz- und Ansehensverlust der Regierung;
- Enttäuschung über die nach 1982 versprochene, aber nicht vollzogene ideologische Wende (von der Verschärfung des § 218 bis zur Bekämpfung der Kriminalität, hier besonders die der Ausländer);
- die vom rechten Lager der CDU/CSU ausgelöste Durchbrechung der ›Tabuschwelle‹ in Richtung Fremdenfeindlichkeit, Antisemitismus, Nationalismus;
- das Auseinanderdriften von traditionellen Ordnungen und rasanten technologischen Veränderungen und die dadurch ausgelösten Ängste, nicht mehr mithalten zu können und zu den ›Modernisierungsgeschädigten‹ abzusteigen.«

Ich denke, daß diese Analyse auch für die neuen Länder zutreffen wird.

Dieses an die REPs verlorene Wählerpotential zurückzugewinnen mußte Ziel vor allem der konservativen Parteien sein. Mit welchen Parolen aber? Als wahrer Meister erwies sich hier der verstorbene CSU-Vorsitzende Franz Josef Strauß, derselbe, der wiederholt mit jenem Herrn Schalck-Golodkowski anbandelte und kungelte, über dessen Machenschaften jetzt ein parlamentarischer Untersuchungsausschuß brütet. Strauß war es, der gegen das angebliche »Büßergewand« höhnte, in dem wir gingen, und der einen »Schlußstrich« unter die düsteren Kapitel der deutschen Geschichte forderte.

Konservative Politiker, Wissenschaftler und Gelehrte fingen es subtiler an und starteten ab Mitte der 80er Jahre eine Kampagne, mit Hilfe einer positiven Geschichtspolitik zu einer neuen nationalen Identität zu gelangen. Man war durch diesbezügliche Bemühungen in der DDR alarmiert und hielt für die Bundesrepublik ähnliches für dringend erforderlich. Also wurden uns durch Kanzler Kohl gleich zwei Geschichtsmuseen verordnet und ohne ordnungsgemäße vorherige parlamentarische Genehmigung in die Welt gesetzt.

Außerdem sollte in Bonn ganz schnell eine nationale Gedenkstätte errichtet werden, an der zum Beispiel anläßlich von Staatsbesuchen aller »Opfer von Kriegen und Gewalt«, das heißt, der Opfer und der Täter in einem Atemzug, gedacht werden sollte. Dank des öffentlichen Protestes im In- und Ausland wurde nichts daraus. Auch sonst mehrten sich »mißverständliche« Bekundungen. So die Rede des damaligen Bundestagspräsident Jenninger zum 50. Jahrestag der Juden-Pogrome am 9. November 1989, oder die Tatsache, daß der Kanzler im Jahre 1989 die Jahresversammlung der Vertriebenenverbände – die unter dem Motto »Schlesien ist unser« stand – mit seiner Teilnahme beehrte. Dieses Motto ist bis heute der immer wiederkehrende Refrain ihres Kampfes gegen die Anerkennung der Oder-Neiße-Grenze und gegen die Aussöhnung mit Polen.

Das alles sind nur Beispiele aus den letzten Jahren für Halbherzigkeiten im Kampf gegen eine Wiederkehr des Verdrängten, der vor dem Hintergrund des vehementen Streites zwischen West-Historikern ausgetragen wurde. Einige dieser Historiker wollten dabei über die Leugnung der »Einzigartigkeit«

der Hitlerschen Volkermordverbrechen unsere ganze schreckliche Vergangenheit »entsorgen«, zumindest aber relativieren.

Nein, wir haben ganz und gar keine Veranlassung, mit dem Finger auf Neo-Nazis, Ausländerhaß und Rechtsextremismus in den neuen Bundesländern zu zeigen. Auch bei uns schwelt das Verdrängte in meist subtilerer Machart und bricht immer wieder einmal auf.

4. Demokratische Kultur: Anspruch und Wirklichkeit

Im Mai 1991 besuchte ich in Dresden meine »alte« Schule, in die ich während der »Glanzzeit« der Nazis von 1933 bis 1937 gegangen war. Bei meinem Eintritt war gerade die Weimarer Republik im nationalistischen Taumel zu Grabe getragen worden. Mit dem »humanistischen Geist« dieses einzigen städtischen Mädchengymnasiums verschwanden auch nach und nach die jüdischen Mitschülerinnen. Statt dessen erschienen immer mehr Mädchen in BDM (Bund Deutscher Mädchen)-Uniform zu den immer zahlreicher werdenden Schulappellen. Ich denke nicht gerne an diese Jahre zurück – ausgenommen meinen damaligen Religionslehrer, der uns christliche Werte vorlebte. Heute – bei meinem Besuch fast sechzig Jahre später – war gerade das SED-Regime durch eine friedliche Revolution beendet worden. Historisch betrachtet, haben beide Ereignisse eine Menge miteinander zu tun. Und die Schulsysteme damals und heute in der Ex-DDR auch! In totalitären Regimen waren sie schon immer Opfer und Bannerträger der Indoktrination von Köpfen und Herzen junger Menschen und haben dazu beitragen müssen, den ideologischen Unterbau zu zementieren.

Heute heißt meine Schule »Erweiterte Oberschule Romain Rolland«. Sie zählte zu den wenigen dreiklassigen »Eliteschulen« der DDR. Der Direktor, ein ehemaliger Lehrer, der noch vor der Wende von der früheren SED-Direktorin denunziert und von der Schule vertrieben worden war, möchte nun einen neuen Anfang versuchen. Aber wie?

Im Lehrerzimmer herrschte alles andere als fröhliche Aufbruchsstimmung. Die Schüler verhielten sich ziemlich desinteressiert und dachten offenbar an die Ferienreise ins WESSI-Wunderland, wie ein Lehrer etwas süffisant bemerkte. – Auf den Gängen putzten sowjetische Offiziersfrauen den Boden, wohl um für ihre Familien ein Zubrot zu verdienen.

Niemand wußte, wie es im neuen Schuljahr weitergehen sollte. Auch im Kultusministerium wußte man es nicht. Wie sollte denn buchstäblich über Nacht und per Dekret aus einem seit nun fast sechzig Jahren – einmal rechts und einmal links – total ideologisierten Schulsystem ohne demokratisches Umfeld eine demokratische Schule werden? Ich meine, das muß ein großes Thema sein, das alle Deutschen angeht und dem wir nicht ausweichen dürfen. Denn auch wir WESSIS haben dieses Dilemma nach 1945 erfahren und über die Jahrzehnte seither – trotz redlicher Anläufe – immer noch nicht wirklich befriedigend und überzeugend gelöst. Erziehung zur Demokratie und für die Demokratie ist bei uns bis heute ein defizitärer Bereich geblieben. »Staatsbürgerliche« Erziehung in der Schule – das erweist sich aus zwei Gründen als leichter gesagt als getan. Einmal, weil Demokratie keine geschlossene Ideologie zu verkünden hat, und zum anderen, weil unsere »real existierende« Demokratie, die nach wie vor ohne gesicherte traditionelle Werte ist, in ihrem Erscheinungsbild und bei der Vermittlung ihrer demokratischen Kultur so vieles zu wünschen übrig läßt, daß sie insbesondere auf junge Menschen eher abstoßend als überzeugend wirkt. Auch uns fehlt es an beispielgebenden demokratischen Lebensformen – an dem, was man »demokratische Kultur« nennt. Auch bei uns gibt es im Bereich der öffentlichen Schulen noch zu wenig Einübung in demokratische Mitwirkung und Verantwortung.

*

Deshalb scheint es mir sehr problematisch zu sein, unsere defizitären Verhältnisse nun als »Muster« auf die Trümmer der politischen SED-Schulkultur aufzusetzen. Statt dessen wäre auch bei uns zunächst eine kritische Bestandsaufnahme fällig.

Man müßte sich zum Beispiel fragen: Welches sind die Ursachen für die Defizite und Mängel im Bereich demokratischer Erziehung und Teilhabe in der Schule, und weshalb sind bei uns die ersten Erfahrungen junger Menschen mit Demokratie so wenig positiv?

Weshalb ist das so? Weil die Schule bis heute eine überwiegend reglementierte, obrigkeitsstaatliche Veranstaltung geblieben ist und weil es unserer demokratischen Kultur an positiven Traditionen mangelt. Das mag daher rühren, daß Erziehungsziele und -stile, Wertvorstellungen und Leitbilder in diesem Jahrhundert allzu häufig gewechselt haben. Jede Generation hat sehr unterschiedliche Verhaltensmuster und Einstellungen »fürs Leben« mitbekommen. Zur Veranschaulichung:

Unser dritter Bundespräsident, der Sozialdemokrat Gustav Heinemann, ein aufrechter Christ der Bekennenden Kirche, pflegte zur Illustration der für seine Generation gültigen Erziehungsmaxime ein Transparent zu zitieren, das ein Schneider zur Begrüßung seines Landesherrn über seiner Werkstatt angebracht hatte:

»Lieber Landesvater – unter Deinen Flügeln
kann ich ruhig bügeln!«

Anders ausgedrückt: Aus dem Ordnungsruf: »Ruhe ist die erste Bürgerpflicht« folgte freiwillig-positiv die Bürgertugend des strebsamen, gehorsamen Untertanen, der ungetrübtes Vertrauen in die Obrigkeit hat.

In meiner Jugendzeit hieß es zu Hause »Edel sei der Mensch, hilfreich und gut«, in der Schule »Führer befiehl, wir folgen Dir«, und auf der Straße »Juda, verrecke«. Im Kindergarten der 30er Jahre wurde gebetet:

»Händchen falten-
Köpfchen senken,
immer an den Führer denken.
Er gibt uns das täglich Brot
und hilft uns aus aller Not.«

Kein Wunder also, daß es uns nach 1945 nicht leicht fiel, die Zusammenhänge zwischen diesen obrigkeitsstaatlichen Traditionen zu erkennen und aus dem Denken und Verhalten in Schule und Erziehung zu eliminieren. Noch in den 60er Jahren entdeckte ich im Volksschullesebuch meines Sohnes folgenden bayerischen Merkspruch:

»Willst Du sein ein guter Christ,
Bauer, bleib' auf Deinem Mist!
Laß die anderen Freiheit singen,
düngen geht vor allen Dingen!«

Das heißt also wiederum: Der Bauer (oder das Schneiderlein) soll seine Arbeit verrichten und sich im übrigen nicht um Politik kümmern, von der er ohnehin nichts versteht. Wenn er das eine tut und das andere unterläßt – erst dann und nur dann ist er beides – ein guter Christ und ein guter Bürger.

Neugierig geworden, durchforstete ich damals noch andere Lesebuchtexte und entdeckte viele weitere Belege für autoritäre, obrigkeitsstaatliche, rassistische und militaristische Traditionen.*

Das war nur wenige Jahre vor dem Ausbruch der Studentenunruhen – und es war symptomatisch für das restaurative Denken im zweiten Jahrzehnt unserer bundesrepublikanischen Demokratie.

*

Eine ernsthafte Debatte über bildungspolitische Voraussetzungen für das rechtzeitige Einüben des Zusammenlebens in demokratischen Gesellschaften gibt es bei uns erst seit den 70er Jahren. Seither wurden einige Fortschritte gemacht, es gab und gibt ermutigende Initiativen. Insgesamt aber sind die Ergebnisse immer noch keineswegs befriedigend.

---

* Vgl. H. Hamm-Brücher in »Sind wir noch das Volk der Dichter und Denker? Vierzehn Antworten.« Hrsg. von Gerd Kalow, Rowohlt Taschenbuch Verlag, Reinbek bei Hamburg 1964.

Woran liegt das? Weshalb fällt es nur so schwer, uns ausgerechnet im Bildungsbereich mit demokratischen Strukturen, Inhalten und Verfahren anzufreunden? Ich denke, das liegt, wie beschrieben, zum einen an unserer wechselvollen Demokratiegeschichte und an den ernüchternden Erfahrungen unseres demokratischen Alltags, in dem von den positiven Aspekten demokratischer Kultur wenig zu spüren ist (vgl. II.4.). Es liegt aber auch und vor allem an der nach wie vor überreglementierten öffentlichen Schule, die hierarchisch organisiert ist und zu wenig pädagogische Freiräume hat.

Theodor Heuss, der so etwas wie ein demokratischer Vordenker war, hat dieses Manko klar erkannt und immer wieder gemahnt:

> »Demokratie ist keine Glücksversicherung, sondern das Ergebnis demokratischer Gesinnung und politischer Bildung.«

Dabei berief er sich gern auf Montesquieu als den geistigen Vater der Demokratie, der in seinem wichtigsten Werk »Vom Geist der Gesetze« postuliert hatte, daß zu jeder Staatsform auch ein zugeordnetes »Lebensprinzip«, eine bestimmte »Triebkraft des Handelns«, also auf das Gemeinwohl gerichtete Tugenden (»vertus«) gehörten. Montesquieu zählte vor allem Gesetzestreue, Liebe zur Republik, Liebe zur Gleichheit und Ehrlichkeit dazu – also Verantwortung für das Allgemeinwohl, nicht »Kadavergehorsam«.

Während in den angelsächsischen Demokratien die Begriffe Montesquieus als »common virtues« und die dazugehörigen demokratischen Spielregeln und Verhaltensweisen selbstverständliches Erziehungsziel der Schule (und der meisten Elternhäuser) sind, haben wir uns bisher gescheut, die Begriffe »demokratische Tugenden« und »politische Kultur« als Bildungs- und Erziehungsziel einzuführen. Auch im öffentlichen politischen Leben hapert es daran.

Allein die Wissenschaft setzt sich damit auseinander. Der Politologe Kurt Sontheimer definiert »politische Kultur« als »Verpflichtung aller, die in der Politik Verantwortung tragen, sich sachgemäß, kooperativ und demokratiegemäß zu verhalten«. Hier wird also der Begriff der politischen Kultur identisch mit guten demokratischen Manieren und politischem Anstand und somit fast bis zum Wohlverhalten überhöht.

*

Mit Bert Brecht möchte man seufzen: »Doch die Verhältnisse, sie sind nicht so!« Und heute sind sie es leider weniger denn je.

In neueren Vergleichsuntersuchungen der amerikanischen Soziologen Almond und Verba gibt es zahlreiche wenig positive Anzeichen für den inneren Zustand unserer Demokratie. Es geht hierbei nicht nur um die Tatsache, daß 13 bis 15% deutscher Wähler ein »rechtsextremes Einstellungspotential« aufweisen, zu dem – neben der Vorliebe für einen Einparteienstaat – auch Kriterien wie Ablehnung von Ausländern, Antisemitismus, etc. zählen. Nimmt man eine international eingeführte »Skala«, nach der die Demokratie als die »bessere« gilt, die politische Belastungen und schwierige Situationen gelassener erträgt, die konfliktfähig ist, dann schneidet unsere Demokratie nicht gut ab. Nach Almond und Verba ist sie weniger gefestigt als beispielsweise die britische oder die holländische. Die Mehrheit der Befragten hierzulande ist immer noch der Meinung, Politik sei dazu da, Konflikte zu vermeiden, und nicht dazu, sie auszutragen. Auch rufen wir vergleichsweise rascher nach Ordnungsmaßnahmen des Staates als unsere Nachbarn mit langer demokratischer Tradition.

Deutliche Minuspunkte zeigen sich, abgesehen von unserer Einstellung zu Minderheiten und zu Fremden, auch in unserer Einstellung zur Opposition im allgemeinen und zur Bedeutung der parlamentarischen Opposition im besonderen. Noch 1968 war mehr als ein Drittel der befragten Deutschen der Meinung, daß es nicht Aufgabe der politischen Opposition sei, die Regierung zu kritisieren oder sie gar zu stürzen, sondern sie in ihrer Arbeit zu unterstützen. Noch Ende der 70er Jahre wollte fast die Hälfte der Befragten einer Minderheit, die in einer Abstimmung unterlegen war, nicht das Recht auf weitere oppositionelle Äußerungen in dieser Sache einräumen.

Ein weiterer Schwachpunkt unserer demokratischen Kultur ist die Verwilderung des politischen Stils im parteipolitischen Machtkampf und in der parlamentarischen Auseinandersetzung. Beklagt wird der Verlust an Fairneß und Vorbildhaftigkeit. Das Ansehen der Politiker, das ohnehin während der letzten Jahre stetig abgenommen hat, ist auf einen neuen Minusrekord gefallen, während dieses Buch entsteht.*

Kann eine demokratische Kultur unter solchen Defiziten wachsen und dauerhaft Wurzeln schlagen? Können Schulen und Bildungseinrichtungen unter solchen Bedingungen Demokratie, ihre Werte und Tugenden, ihre Spielregeln und ihren Verhaltenskodex glaubwürdig vermitteln? Ich fürchte, nein! Welche Folgen wird das für die Zukunft unserer gesamtdeutschen Demokratie haben?

Statt westdeutscher Selbstgerechtigkeit sind ungeschönte Einsicht und große Anstrengungen bei der Pflege und Entfaltung unserer demokratischen Kultur in Schule, Gesellschaft und Politik überfällig.

5. Parteien: sich den Staat zur Beute machen?

Früher als alle anderen Institutionen haben unsere Regierungsparteien unmittelbar nach Öffnung der Mauer die bürgerlichen Blockparteien in der DDR in ihre »Obhut« genommen – natürlich mit der Begründung selbstloser materieller und ideeller Hilfsbereitschaft. Damit ist es ihnen gelungen, das parteipolitische Ruder in die Hand zu bekommen und von der politischen Landschaft besitzzuergreifen, noch bevor sich die führenden Köpfe der friedlichen Revolution in allen Lagern irgendwelche Vorstellungen von künftigen politischen Konstellationen ma-

* Nach einer Wickert-Umfrage hatten im August 1991 76 % aller Wahlberechtigten einen »negativen Eindruck« von den Politikern (Juli: 68 %), nur 24 % einen positiven (Juli: 32 %).

chen konnten. Aus der Sicht der Bonner Parteistrategen war deren Rolle als »nützliche Idioten« nun beendet; als gleichberechtigte Gesprächspartner paßten sie nicht ins Konzept der Einvernahme.

Partner waren von Anbeginn die jeweiligen Blockparteien (natürlich mit Ausnahme der neugegründeten SPD, die keine »Blockpartei« war, und sich deshalb anfangs schwer tat). Mit der Stasi-Vergangenheit und der »Blockflöten«-Mentalität konnte man es dabei nicht so genau nehmen. Der Konflikt brach erst verspätet im Frühherbst 1991 auf – exemplarisch am beinahe tragischen Fall Lothar de Maizières.

Es war also keine Überraschung, daß die bundesrepublikanisch gesteuerten Blockparteien bei den Wahlen am 18. März einen großen Vorsprung vor den Bürgerbewegungen und der SPD errangen. Damit waren die Würfel zugunsten der Bonner Parteiendemokratie mit ihrem in Jahrzehnten installierten und angereicherten Machtinstrumentarium gefallen. So blieb vieles auf der Strecke, was für einen gemeinsamen Neuanfang wichtig gewesen wäre, z. B. die Erfahrung persönlicher Zivilcourage und Widerstandskraft, ein Rest von Selbstbewußtsein und die Zeit zur Selbstbesinnung. Der Marsch in die westdeutsche Parteien-Demokratie war unumkehrbar. Jetzt erst – sehr spät – beginnen die Landesverbände Ost der Regierungsparteien aufzubegehren gegen ihre Einvernahme und Bevormundung.

*

Ein Blick auf das Grundgesetz und seinen Artikel 21 genügt, um festzustellen, daß sich die Väter des Grundgesetzes die Rolle der Parteien im demokratischen Staat anders – jedenfalls bestimmt nicht so, wie sie sich seit den 50er Jahren entwickelt hat – gedacht haben. Sie wird im Artikel 21 bescheiden so konstituiert: Parteien »wirken bei der politischen Willensbildung mit«, sie sollen innerparteilich demokratisch organisiert sein und über die Herkunft ihrer Finanzen öffentlich Rechenschaft ablegen. Die Meßlatte ist also nur auf »Mitwirkung« und »demokratisch« angelegt und damit der politische Standort der Parteien in der demokratischen Ordnung bestimmt und zugleich eingegrenzt. Um so fataler ist es, nach vierzig Jahren Grundgesetz feststellen zu müssen, daß an keiner anderen seiner Bestimmungen von den Verantwortlichen und Betroffenen so gesündigt wurde wie an dieser. Achtzehn Jahre, bis 1967, hat es gedauert, bis man sich zu einem »Parteiengesetz« aufgerafft hat. Vier Verfassungsgerichtsurteile waren nötig, um die schlimmsten Auswüchse bei den Finanzierungspraktiken der Parteien zu beschneiden, und ohne den größten aller Parteispendenskandale – die Flicksche Millionen-»Pflege der Bonner Landschaft« –, der die Republik in den Grundfesten erschütterte, wäre nicht einmal das gelungen.

Jetzt existiert wenigstens eine Gesetzgebung – wenn auch für den Laien undurchschaubar verklausuliert –, mit der über die Eigen- und Fremdfinanzierung Rechenschaft abgelegt werden muß. Dennoch bleibt sie undurchsichtig, unter anderem, weil die Deklarationsgrenzen zu hoch liegen. Die öffentlichen Zuschüsse an die Parteien sind praktisch Subventionen aus Steuermitteln, die alle übrigen Subventionen (über die die Politiker derzeit lautstark Klage führen) in den Schatten stellen.

Der Politologe Peter Lösche hat diesen Sachverhalt so charakterisiert:

> »Nicht einmal wiederholte Ordnungsrufe des Bundesverfassungsgerichts haben die Parteien gehindert, die Staatskasse immer ungenierter als Parteienschatulle zu behandeln ...«

Eine objektiv-wissenschaftliche Aufarbeitung der Chronik der Selbstbedienung verdanken wir dem Verwaltungswissenschaftler Hans Herbert von Arnim*. Seine aufschlußreichen Zahlen belegen, daß die westdeutschen Parteien nahezu unersättlich und keineswegs zimperlich sind, wenn es um die Selbstbewilligung öffentlicher Gelder geht, und sie sich – wie der damalige Regierende Bürgermeister von Berlin, Richard von Weizsäker, es 1982 kritisch und besorgt formulierte, »den Staat zur Beute machen«.

---

* H.H. von Arnim, »Die Partei, der Abgeordnete und das Geld«, v. Hase & Koehler Verlag, Mainz 1991.

Angefangen hat es 1959 ganz bescheiden mit 5 Millionen DM Zuschüssen an die Parteien. Bis heute dürfte sich der Betrag etwa verhundertfacht haben. Allein für die Europa-Wahlen 1989 mit nur 62% Wahlbeteiligung erhielten die Parteien »Wahlkampfkostenerstattung« von fast 229 Millionen DM, darunter die Republikaner 16,5 Millionen DM.

Ähnliche Riesenzuwächse wie in die Parteienkasse genehmigten sich die Bundestagsfraktionen, die ihre Zuschüsse innerhalb von zwölf Jahren verzehnfachten. Gleichfalls bevorzugt wurden die parteinahen Stiftungen »bedient«. H.H. von Arnim berechnete die Gesamtzuwendungen für die drei genannten Zentren der Parteien mit 1,7 Milliarden DM in einer Legislaturperiode – das sind über 400 Millionen DM jährlich. Hinzu kommen die Einnahmeverluste des Staates durch Steuerbegünstigung für Beiträge und Spenden.

Das Prinzip der finanziellen Selbstbedienung der Parteien halte ich nicht nur für ein Ärgernis, sondern für die gefährlichste Fehlentwicklung in unserem demokratischen Gemeinwesen überhaupt. Sie vollzieht sich nach wie vor ohne nennenswerte Kontrolle, zum Beispiel durch den zuständigen Rechnungshof – und das wäre ja das wenigste, was zu fordern wäre. Gewiß, alle rufen in unserer Wohlstandsgesellschaft nach dem Staat und versuchen ihn zu ihren Gunsten zu melken, die Parteien aber haben hierfür in eigener Sache sicher die größte Perfektion entwickelt. Übrigens gibt es diese Art und dieses Ausmaß der finanziellen Selbstbedienung politischer Parteien – ausgenommen in *nicht-demokratischen* Ein-Parteien-Staaten – in keiner anderen Demokratie. Hier steht die Bundesrepublik an einsam-beschämender Spitze.

*

Anstößig ist jedoch nicht nur die Selbstfinanzierung der Parteien, ebenso anstößig sind ihre personellen »Beutezüge« in allen öffentlichen Verwaltungen, Organisationen und Medien. Durch Ämterpatronage und Pfründe haben sie sich Lichtjahre von der im Grundgesetz konzedierten »Mitwirkung« bei der politischen Willensbildung entfernt. Sie besetzen und beherrschen das demokratische Spektrum. Das, was im Volksmund zornig und verächtlich »Parteibuchwirtschaft« genannt wird, stimmt weder mit dem vielgerühmten Leistungsprinzip überein noch mit der Grundgesetzgarantie, daß öffentliche Ämter unabhängig von »... religiösen oder politischen Anschauungen« (Art.3 Abs.3 GG) zu vergeben sind. Außerdem fördert es den Opportunismus und Anpassungsdruck; in den öffentlichen Medien wirkt es zudem als »Schere im Kopf«.

Das zu sagen mag »Nestbeschmutzung« sein, sie ist aber nötig. Als Kronzeugen zitiere ich noch einmal Richard von Weizsäcker aus seinem Vortrag in Stuttgart im März 1982:

> »... Die Parteien beherrschen die gesetzgebenden Körperschaften. Denn nur auf dem Weg über Parteinominierung kann man Abgeordneter werden.
>
> Im Ergebnis bedeutet dies, daß der maßgebliche Einfluß auf die Wahl und Kontrolle der Regierung, ebenso wie auf die Gesetzgebung selbst, fest in der Hand der Parteien liegt...
>
> Über die Exekutive und die Legislative hinaus haben die Parteien aber auch maßgeblichen Einfluß auf die Besetzung der obersten Gerichte, und zwar auf dem Weg über die Wahlausschüsse. Im öffentlichen Dienst handhaben Parteien Ämterpatronage und Parteibuchwirtschaft im allgemeinen mit höchst geringer Scheu. Direkt und indirekt beeinflussen viele von ihnen in erheblichem Umfang die Berufspolitik an den Hochschulen ebenso wie die Personalfragen bei den öffentlich-rechtlichen Medien. Mit einem Wort: Tatsächliches Verhalten und Einfluß der Parteien auf den Staat haben ihren Ruf begründet, daß sie sich den Staat zur Beute machen. Die Feststellung des Verfassungsgerichts, daß die Parteien selbst keine Staatsorgane seien, haben den allzu weitgehenden Einfluß der Parteien auf die Staatsorgane nicht einzudämmen vermocht...
>
> Die Trennungslinie zwischen Staat und Regierungspartei ist also im öffentlichen Bewußtsein bei uns nicht so klar, wie sie es gesunderweise sein sollte...
>
> Die Gründe für den wachsenden Ansehensverlust der Parteien liegen aber keineswegs nur in ihrer ungenierten Okkupation der staatlichen Ämter. Wichtiger noch ist die krisen-

hafte Stimmungsverschlechterung gegen die Parteien, die durch eine besondere Strukturschwäche der Parteiendemokratie verursacht wird: Die politischen Lösungen, die die Parteien vornehmen, werden allzu oft weder regional noch zeitlich den Ursachen und Lösungserfordernissen der Probleme gerecht.«

Auch die Wissenschaft ist sich hinsichtlich der Entwicklung der Parteien in ihrer Kritik und Skepsis einig. So stellt der konservative Staatsrechtler Wilhelm Hennis fest, daß sich die Volksparteien längst vom Volk abgekoppelt hätten und »mit einer robusten Selbstverständlichkeit in der Wahrnehmung des politischen Herrschaftsmonopols« ihre Position hielten und ausbauten.

Zudem gelinge es den Parteien zunehmend weniger, den Bürger sozial und geistig anzusprechen, ihm ein politisches Weltbild anzubieten, mit dem er sich identifizieren könne. Auch böten moderne Parteiprogramme hierfür keinen Ausgleich. Sie seien Kunstprodukte, ausgeklügelt von professionellen Verkaufsstrategen in Sachen Politik, die auf dem Markt der Meinung das anbieten, was hohe Nachfrage verspricht. Soweit Wilhelm Hennis. Ich kann ihm nur zustimmen.

Der Politologe Christian von Krockow formuliert seine Meinung dazu wie folgt:

»Artikel 21 GG fordert, daß die innere Ordnung der Parteien demokratischen Grundsätzen entsprechen muß... Die Wirklichkeit sieht anders aus. Innerparteiliche Entscheidungs- und Beteiligungsprozesse verlaufen meist nicht von unten nach oben. Wir kennen die zahllosen Diziplinierungsversuche gegen Störenfriede, die Regie von Parteitagen, die Vorwegnahmen von Personalentscheidungen, die Verkümmerung der Parteien zu Wahlvereinen, die Seilschaften und den Personalklüngel. Die Forderungen der Verfassung und des Parteiengesetzes sind im Alltag der Parteien bei weitem nicht sinngemäß verwirklicht.«

Es ist also insgesamt kein erfreulicher Befund über den Zustand unserer Parteiendemokratie, den wir in die Vereinigung eingebracht haben. Aus dem grundgesetzlichen »Mitwirkungsgebot« bei der politischen Willensbildung ist für die Parteien ein absoluter Machtanspruch und Machterhalt um beinahe jeden Preis geworden. Der Machtanspruch reicht von der selbstbewilligten Eigenfinanzierung bis zur Parteibuch-Protektion, vom abschreckenden Stil parteiinterner Auseinandersetzungen bis zur Diffamierung, ja oft sogar Denunzierung des politischen Gegners oder sogar Partei-»Freunds«. Hier vor allem treiben die Parteipolitiker Raubbau an unserer demokratischen Kultur. Richard von Weizsäcker hat deshalb zu Recht allen Parteien anläßlich des 40. Jahrestages unseres Grundgesetzes im Mai 1989 das Wort »Mäßigung« in großen Lettern ins Stammbuch geschrieben und gemahnt:

> »Wenn die Parteien die Lösung der Probleme dem Streit gegen die Konkurrenz unterordnen, wenn sie die Fragen der Zeit zu Instrumenten im Kampf um die Macht entwerten, ja, dann leidet ihre Glaubwürdigkeit ...«

Hat seine Mahnung seither Wirkung gezeitigt? Leider gibt es hierfür wenig Anzeichen!

Es mag zwar ein Trost sein, daß bei der Mehrheit der Bürger heute eine realistischere Einstellung zur Notwendigkeit der Parteien vorherrscht als in der Weimarer Republik, wo die Parteienverdrossenheit mit ein Grund für deren Scheitern war. Ob und wie unsere neuen Bundesbürger jedoch längerfristig darauf reagieren werden, ist noch nicht abzusehen. Der Ende August in der CDU ausgebrochene Streit zwischen Generalsekretär Rühe und den Ostverbänden ist ein Rauchzeichen.

In jedem Fall gibt das Erscheinungsbild der politischen Parteien zu Sorge reichlich Anlaß.

Ich möchte zusammenfassen, wie ich den derzeitigen Zustand der drei großen Parteien beurteile:

Es ist nicht der »dauernde Streit« gegeneinander und untereinander, an dem die meisten Bürger Anstoß nehmen. Der schadet nicht, sondern hilft zu klären, wenn er um bessere Lösungen geführt und einigermaßen fair ausgetragen wird. Es ist vielmehr die Tatsache, daß Parteien nicht mehr das sind, was sie sein sollen: »pars« = ein Teil, ein Teil des Ganzen. Stattdessen sind sie zu Macht- und Wahl-»Apparaten« verkommen

- Nicht die »braven« Mitglieder und ihre Meinungen sind wichtig, sie werden irgendwie bei Laune gehalten;
- nicht die idealen Ziele sind entscheidend, die gelegentlich beschworen (und werbemäßig aufs raffinierteste vermarktet) werden und, wenn die Scheinwerfer ausgeschaltet sind, vergessen sind;
- nicht die besten Leute werden für wichtige Aufgaben gesucht, sondern die, die sich anpassen, die, die bei Bedarf schweigen und mitmachen (Seilschaften), die, deren Reden nur selten mit ihrem Handeln und Verhalten übereinstimmen, die, die in den Medien ankommen.
  (In allen Punkten bestätigen Ausnahmen die Regel!)

Im Ergebnis kommen dabei zu häufig große und kleine »Barschels«, »Straußens« und »Späths« heraus: zeitweise erfolgreiche, vielleicht sogar »verdienstvolle« Politiker. Durch die Art aber, wie sie mit ihrer »Macht« umgehen, diese nutzen und mißbrauchen, geht die Glaubwürdigkeit der Demokratie verloren, büßen »Politiker« mehr und mehr Ansehen ein, finden immer weniger »Persönlichkeiten« den Weg in die Parteien, werden immer mehr Wähler zu Wechselwählern.

Es ist ein *Teufelskreis*, und es wäre gut, dieses Bild ernst zu nehmen: Der Teufel verführt dazu, das Böse zu tun, er lockt den Täter ins Verderben. Dieser Teufelskreis führt – wenn wir ihn nicht durchbrechen – unsere Demokratie ins Verderben.

Statt nun intensiv und auch selbstkritisch über mögliche hausgemachte Ursachen für die zunehmende Wahlmüdigkeit und die Zahl der Protestwähler – d.h. über die Zukunft der Parteiendemokratie überhaupt – nachzudenken, verschanzen sich die Parteien hinter ihren Machtbastionen. Statt zuerst und vor allem nach eigenen Versäumnissen und eigenem Verschulden zu forschen, ziehen die (Partei-)Karawanen weiter in die nächsten Wahlkämpfe, hoffend, daß Stimmverluste nur die anderen treffen werden. Damit erweisen sie sich als unfähig zur Korrektur und Selbstreform.

Falls es den Parteien zunehmend weniger gelingen sollte, die Bürger politisch, sozial und geistig anzusprechen, ihnen Antworten auf Zukunftsfragen zu geben, mit denen diese sich identifizieren können, neue (vor allem junge) Mitglieder zu gewinnen – dann besteht wirklich die Gefahr, daß sich mehr und mehr Menschen von ihnen abwenden. Das aber darf – in Erinnerung an Weimar – nicht abermals geschehen. Deshalb müssen unsere Parteien im vereinten Deutschland in die Schranken der ihnen im Grundgesetz vorgezeichneten verfassungsmäßigen Ordnung zurückgewiesen werden und sich so erneuern (vgl. IV.).

6. Volk und Volksvertretung: Kreislaufstörungen

Es vergeht fast kein Tag, an dem nicht über Mißvergnügen, Entfremdung und Vertrauensverlust zwischen Bürgern und Politik, Volk und Volksvertretern, Wählern und Parteien im allgemeinen und zwischen Ost- und Westdeutschen im besonderen geklagt wird. Die Zeitungen sind voll davon. Hier nur einige Schlagzeilen aus jüngster Zeit: – »Wir brauchen Euch – Ihr braucht uns nicht« (»DIE ZEIT«, 5.7.91) – »Offener Haß« (»DIE ZEIT«, 12.7.91) – »Unser Ziel kann nicht Kohl sein« (»SZ-Magazin«, 16.8.91) – »Des Ostens gesammelte Verwunderung: Ost MdB's halten dem Westen den Spiegel vor« (»DIE ZEIT«, 16.8.91) usw.

Das politische Klima zwischen West und Ost ist ausgesprochen schlecht und nach der ursprünglichen Freude an der Wiedervereinigung schlechter denn je.

Die Hauptbetroffenen und Verantwortlichen hierfür – die Volksvertreter in Bonn – rühren solche Warnsignale wenig. Sie stecken sie weg und machen sich kaum einmal die Mühe, das schlechte Klima zur Kenntnis zu nehmen, vom Nachdenken darüber ganz zu schweigen. Sie überdecken es mit Geschäftigkeit.

Im Umgang mit dem Bürger hatten sie schon früher häufig nicht das rechte Gespür, und das war abträglich; jetzt aber gefährdet die mangelnde Sensibilität den Prozeß des Zusammenwachsens zwischen Ost- und Westdeutschen. Über vier Jahrzehnte habe ich diese »Wegsteck-Mentalität« der Politiker anläßlich ungezählter peinlicher Vorkommnisse immer wieder erlebt, immer wieder habe ich als Frau über die Selbstgefälligkeit der »Herr«schaften gestaunt und mich oft darüber geärgert. Nun aber – angesichts des Polit-Schocks unserer östlichen »Schwestern und Brüder« – empfinde ich diese Mentalität als ausgesprochene Arroganz der Macht – genauer gesagt, als Arroganz der Mächtigen. Wenn ich die Berichte über den Umgang mit Abgeordneten aus den neuen Ländern lese (vgl. »DIE ZEIT« vom 16.8.91) oder mitbekomme, wie mit OSSI-Parteifreunden parteiintern umgesprungen wird, dann bin ich tief besorgt, daß der – ohnehin labile – Kreislauf zwischen Bürgern und Parlament nun dauerhaft gestört wird: Da läuft vieles falsch!

Kreislaufstörungen zwischen Volk und Volksvertretung haben bei uns zwar bereits vor der Vereinigung zu beträchtlichen Fehlentwicklungen und Vertrauensverlusten geführt, nun aber belasten sie den ohnehin problembeladenen Integrationsprozeß zwischen den mehr und den weniger abgehärteten Demokraten spürbar. Nun kann die Ignoranz der Mächtigen, die das Ausmaß der heraufziehenden Demokratieverdrossenheit einfach nicht zur Kenntnis nehmen, gemeingefährlich werden. Statt die Vereinigung als Chance zu einer selbstkritischen Bestandsaufnahme zu nutzen, sonnen sich die Verantwortlichen im Vollgefühl materieller Überlegenheit. Statt über eigene, schon lange spürbare Defizite, Fehlentwicklungen und Verstöße gegen Buchstaben und Geist unserer Verfassung nachzudenken, lehnen sie alle Anstöße zu Korrekturen ab. Ihre Zuhör- und Veränderungsbereitschaft ist unter Null gesunken, ob es sich um die Forderung nach der Ausarbeitung einer gemeinsamen Verfassung handelt, um ohnehin überfällige Partei- und Parlamentsreformen oder um die Aktivierung demokratischer Mitwirkungsrechte der Bürger...

Nein – so tönt es – unsere Demokratie ist in bester Ordnung, daran braucht kein Jota geändert werden!

Die »Neuen« haben sich zu fügen, und wenn sie es nicht tun, werden sie zu Querulanten und Einzelgängern erklärt und ausgegrenzt, denen man zwar – das räumt man ein – die friedliche Revolution und vielleicht auch den friedlichen Übergang von der Diktatur zur Demokratie verdankt – aber das war's dann auch. Jetzt bestimmt wieder das angestammte Bonner »Establishment« (im wahrsten Sinne des Wortes), das übrigens – wie sich herausstellt – mit dem SED-Regime viel engere Beziehungen pflegte als jene Bürgerrechtler, die Freiheit und Leben riskierten, um dieses zu überwinden.

Mein Zorn über diese Blockierung auf seiten westlicher (Partei)Politiker ist auch deshalb so groß, weil dadurch neue Gräben aufgerissen werden und ohnehin vorhandene Kreislaufstörungen im demokratischen Gefüge zunehmen. Kreislaufstörungen, die nun nicht mehr nur temporäre, sondern Dauererscheinungen sind. Sie könnten, wenn sie noch weiter zunehmen, zu einem demokratischen Kollaps führen. Deshalb mein *ceterum censeo:*

Ohne selbstkritische Bestandsaufnahme und Abarbeitung der eigenen Mängelliste und ohne Bekämpfung der Ursachen für die Kreislaufstörungen zwischen Bürgern und (Parteien)-Staat, ohne die Bereitschaft zur Veränderung innerhalb der eigenen vielfach überzogenen Machtstrukturen, ohne die Bereitschaft, die Wünsche und Vorstellungen unserer OSSI-Schwestern und -Brüder ernstzunehmen und zu berücksichtigen, kann das Zusammenwachsen zu einer ersten gesamtdeutschen Demokratie kaum gelingen.

Dann werden Empfindungen wie zum Beispiel die der »Vereinnahmung«, der »Kolonialisierung«, der »Demütigung« auf OSSI-Seite weiterwachsen und sich verfestigen.

*

Wo liegen die Ursachen für die nun verstärkt auftretenden Kreislaufstörungen? Hier mein Befund aus vierzigjähriger Erfahrung:

1. Unsere geschriebene Verfassung umschreibt mit drei Artikeln des Grundgesetzes den Kreislauf zwischen Wählern, Parteien und Parlamenten.

Artikel 20 Absatz 2 GG bestimmt:

»Alle Staatsgewalt geht vom Volke aus. Sie wird vom Volke in Wahlen und Abstimmungen und durch besondere Organe der Gesetzgebung, der vollziehenden Gewalt und der Rechtsprechung ausgeübt.«

Artikel 21 Absatz 1 GG fährt fort:

»Die Parteien wirken bei der politischen Willensbildung des Volkes mit«,

und Artikel 38 Absatz 1 GG gebietet:

»Die Abgeordneten...sind Vertreter des ganzen Volkes, an Aufträge und Weisungen nicht gebunden und nur ihrem Gewissen unterworfen.«

Diese Bestimmung bezeichnete der spätere erste Justizminister, der Liberale Thomas Dehler – aus der Erfahrung der Zustimmung zum Ermächtigungsgesetz 1933 – im Parlamentarischen Rat als »wichtigste Voraussetzung für jede parlamentarische Arbeit« und daher als »unverzichtbar«. Leider sehen die verantwortlichen Manager in Parteien und Fraktionen dies schon längst nicht mehr so. Auf die Beachtung des Artikels 38 Absatz 1 GG wird im parlamentarischen Alltag weitgehend verzichtet, ja sie ist sogar unerwünscht, mit der Folge, daß der Kreislauf zwischen den drei genannten Bestimmungen empfindlich gestört ist.

In der Verfassungswirklichkeit sieht es demzufolge ganz anders aus, als die Artikel vorgeben: Das Volk tritt seine Staatsgewalt bei Wahlen an politische Parteien und nicht an den einzelnen Volksvertreter ab. Denn es sind die Parteien, denen kaum 4% der Wahlbürger als Mitglieder angehören, die durch feste Parteilisten bestimmen, wer das Volk vertritt. Das Volk wählt nur den prozentualen Anteil »seiner« Partei. Infolgedessen ist der Abgeordnete kein »Vertreter des ganzen Volkes«, der für die Funktionsfähigkeit und das Ansehen der Volksvertretung mitverantwortlich sein soll: Er ist vor allem der Vertreter und Funktionär seiner Partei und an deren Aufträge und Weisungen fest gebunden – will er bei der nächsten Wahl wieder einen sicheren Parteilistenplatz erreichen und seine Karriere nicht gefährden.

Die Bereitschaft, für ein Parlament zu kandidieren, entspricht diesem Sachverhalt. Der Anteil der Beamten und Funktionäre überwiegt zunehmend den der Angehörigen »freier« Berufe und der Repräsentanten freier Gesinnungen. Der »freie« Volksvertreter, den das Grundgesetz wollte, stirbt aus.

2. Die natürliche Folge dieser Deformation des eigentlichen Verfassungsauftrags ist ein in seiner Funktion deutlich geschwächtes Parlament: Weder kann es als »erste Gewalt im Staate« seine klassische Aufgabe erfüllen, die Exekutive zu kontrollieren, noch kann es Gesetze machen. Die unverzichtbaren Elemente einer funktionierenden Demokratie – sozusagen ihr Gütesiegel – sind Gewaltenteilung und dadurch Kontrolle und Balance der Macht. Genau dieses Zusammenspiel funktioniert in unserer Verfassungswirklichkeit nicht oder nur noch unzulänglich. Die Kontrollfunktion der Parlamente gegenüber der allmächtigen Exekutive ist mangelhaft ausgeprägt, die eigenständigen Mitwirkungsmöglichkeiten der Abgeordneten sind eine Farce. Die nötigen Korrekturen – zum Beispiel von Kabinettsentscheidungen oder nach Skandalen, die im Prinzip alle Parteien getroffen haben, oder Korrekturen der Tatsache, daß Partei- und Eigeninteresse ständig mit der Verantwortung als Volksvertreter oder Regierungsmitglied vermischt werden – bleiben leider immer wieder im Formalen stecken und führen nicht zu den notwendigen Konsequenzen.

So sehr die persönliche Gewissensfreiheit des Volksvertreters zu achten ist, so steht er doch nicht außerhalb der Gesetze; seine Verpflichtung zu persönlicher Integrität muß mit besonders strengen Maßstäben gemessen werden. Zum Beispiel muß für Nebeneinkünfte, »Zuwendungen«, Beraterverträge eine Veröffentlichungspflicht gefordert werden. Abgeordneten-Bestechung muß – wie Bestechung auch überall sonst – strafbar sein.

Im jetzigen Zustand findet ein Ausbalancieren der Macht zwischen Exekutive und Legislative kaum statt, da sich die Mehrheit des Parlaments zur nachgeordneten »Dienststelle« von Regierung und Exekutive und zu viele Volksvertreter zu Fraktionsfunktionären degradieren lassen.

Das Ausbalancieren zwischen den demokratischen Gewalten *(checks and balances)* – wie es beispielsweise in den USA zwischen Präsident und Kongreß immer wieder eindrucksvoll praktiziert wird – ist bei uns nicht gegeben. Bei uns sitzt die Exekutive noch allemal am längeren Hebel, und die Regierung muß keine parlamentarische Niederlage befürchten.

Die Folge ist, abgesehen vom Funktionsverlust, daß Ansehen und Glaubwürdigkeit der Volksvertreter bei der Ausübung ihres Verfassungsauftrages weiter schwinden.

3. Entfremdung, Funktions- und Ansehensverlust, Glaubwürdigkeitskrisen zwischen Volk und Volksvertretung – mit diesen Vokabeln werden die demokratischen Kreislaufstörungen beschrieben – schwelen seit langem *. Jetzt jedoch kommen sie durch den Frust der »neuen« Abgeordneten zum Ausbruch. Zum Beispiel CDU-MdB Pastor Rainer Eppelmann: »Immer ist Wahlkampf, immer soll der von der anderen Partei unrecht haben, wehe, wenn ich eine eigene Meinung habe, dann ist die Karriere beim Teufel« (»DIE ZEIT«, 16.8.91).

Deshalb muß die Arbeit an innerparlamentarischen Reformen unbedingt weitergehen. Im Bundestag hat es bereits zwischen 1984 und 1990 von Abgeordneten aus allen Fraktionen einen ersten Anlauf zur Stärkung des Parlaments gegeben: die »Interfraktionelle Initiative Parlamentsreform«. Daran sollte umgehend angeknüpft werden. Diesmal sollte es allerdings nicht nur eine spontane Initiative engagierter Volksvertreter sein, sondern ein gemeinsames Vorhaben des ersten gesamtdeutschen Parlaments. Ich teile den Defätismus und die Resignation vieler Abgeordneter nicht, sondern bin nach wie vor

---

* H. Hamm-Brücher, »Der freie Volksvertreter – eine Legende?«, Serie Piper 1031, München 1990.

dafür, die Verhältnisse zu ändern. Um die kritischen Punkte einzukreisen, stelle ich einige für die Zukunft unserer repräsentativen Demokratie entscheidende Fragen:

- Läßt sich an der unzureichend funktionierenden Volksvertretung wirklich nichts ändern?
- Haben wir das Prinzip der Gewaltenteilung aufgegeben, noch bevor es in Deutschland je wirklich funktioniert hat, oder hat es sich selber aufgegeben? Dürfen zum Beispiel Minister (also Mitglieder der Exekutive) gleichzeitig Abgeordnete (Mitglieder der Legislative) sein?
- Ist der Entfremdungsprozeß, der Verlust von Ansehen und Glaubwürdigkeit der Parlamente wirklich nicht zu stoppen und umzukehren?
- Ist die Ohnmacht des Abgeordneten, der laut Artikel 38 GG »Vertreter des ganzen Volkes« und als solcher an »Aufträge und Weisungen nicht gebunden und nur seinem Gewissen unterworfen« ist, unabänderlich?
- Und der Abgeordnete, der im »Reden und Handeln, bei Wahlen und Abstimmungen seiner Überzeugung folgt«, ist der nur ein Phantom und pure Verfassungslyrik?
- Sind die vielfältigen Fraktionszwänge, die ja keineswegs nur auf Abstimmungen beschränkt sind, sondern alles Tun und Lassen des Abgeordneten betreffen, und die rigide Art ihrer Durchsetzung wirklich die unverzichtbare Voraussetzung und Bedingung für stabile Regierungen?
- Stimmen unsere Wahlgesetze noch? Welche Rechte hat das Volk, von dem alle Staatsgewalt ausgeht?
- Ist ein Parlament wirklich nicht mehr imstande, unsere immer komplizierter und spezialisierter werdende Verwaltung zu kontrollieren?
- Bleibt Machtkontrolle – vor allem die Kontrolle von Machtmißbrauch – allein der Presse, insbesondere dem »SPIEGEL« überlassen?
- Fürchten sich die Regierenden vor Veröffentlichungen zum Beispiel des »SPIEGEL« wirklich mehr als vor jeder noch so wachsamen Opposition?

*

Dies mögen rhetorische Fragen sein, aber sie umschreiben die tatsächlichen Fehlentwicklungen in unserer WESSI-Demokratie. Diese Fehlentwicklungen einfach fortzuschreiben oder unter den gesamtdeutschen Teppich zu kehren oder resigniert die Achseln zu zucken: »daran läßt sich ja doch nichts ändern« – das alles ist uns nach meiner Überzeugung nicht erlaubt, wenn es uns ernst ist mit unserer freiheitlichen Ordnung und vor allem damit, daß sie von alten und neuen Bundesbürgern akzeptiert wird.

Hier wurden anläßlich der Vereinigung viele Chancen vertan. Ich denke da zum Beispiel an das erste und letzte freigewählte DDR-Parlament, das einige nachahmenswerte Lebendigkeiten aufwies:

Da gab es noch keine Fraktionszwänge, dafür Offenheit und Spontaneität, die sich via Fernsehen den Bürgern mitteilten. Da gab es keine ritualisierten Schaukämpfe, keine Frontenbildungen und keinen gähnend leeren Plenarsaal. Da ging es bewegt und manchmal bewegend zu, manchmal aufgeregt und aufregend – so wie eben die Zeiten in der damaligen DDR waren –, nicht wie in Bonn, wo alle Probleme bereits, vielfach gefiltert durch Parteikalkül, Opportunitätsdenken und Bürgerferne, verfremdet werden, noch bevor sie wirklich erörtert wurden.

Mehr als einmal war zu spüren: Diese ungeübten, hinter uns WESSIS um vierzig Jahre »zurückgebliebenen« Volksvertreter repräsentierten – allein von ihrer Berufsvielfalt her – noch das Volk, so wie es nach den Grundregeln der demokratischen Gewaltenteilung und in unserem Grundgesetz eigentlich vorgesehen ist.

Aber das änderte sich rasch, allzu rasch, sozusagen mit einem Schlag, als nach dem Beitritt der DDR zur Bundesrepublik die »lieben Kolleginnen und Kollegen, aus den neuen Bundesländern« sang- und klanglos in die »altbewährte Ordnung« des Bundestages übernommen wurden. Weder interessierten die Bonner die Erfahrungen und Befindlichkeiten der DDRler, noch spürten sie die Chance, den eigenen mühsamen Ansätzen zur Stärkung der Rechte der Volksvertretung nun neue Impulse geben zu können. Diese Chance wurde – wie viele andere, von denen in dieser Schrift die Rede ist – gründlich vertan, mit Folgewirkungen, die im Augenblick noch gar nicht abzusehen sind.

Eine zweite Chance wurde mit dem Wahlkampf voller unerfüllbarer Versprechungen vertan. Statt sich zu besinnen und gemeinsam einen neuen Anfang zu wagen, stürzte man sich wenige Wochen nach dem »Beitritt« der DDR in den Wahlkampf, der ausschließlich von Bonner Parteizentralen und ihren Werbeberatern thematisiert und organisiert wurde. Da blieb weder Zeit noch Kraft, Probleme der »inneren Einigung«, der künftigen Ausgestaltung der Demokratie, ihrer geschriebenen und gelebten Verfassung einzubringen. Statt dessen versprach man das Blaue vom Himmel herunter. Überlegungen grundsätzlicher Art, mehr Nachdenklichkeit, wären ja dem Vereinigungstaumel abträglich gewesen.

So wurde dieser erste gesamtdeutsche Wahlkampf zur Falle und zur Sackgasse für OSSIS und WESSIS. Er verhinderte Bewußtseinsbildung und einen behutsamen Umgang miteinander und, was nach über vierzig Jahren Trennung noch weit schwerer wiegt, er übertünchte die Probleme des Zusammenwachsens zweier völlig unterschiedlicher Staats- und Gesellschaftsordnungen, Denk- und Verhaltensgewohnheiten.

Was Kandidaten aus der DDR für die künftige gemeinsame Volksvertretung beizutragen hatten, das kümmerte die an den materiellen Aspekten der Vereinigung interessierten Wahlkampfstrategen ebensowenig wie die meisten Ost-Wähler. Das war eher lästig und irritierend. Und doch hätte gerade diese Thematik auch von verantwortungsbewußten WESSI-Politikern in den Mittelpunkt des Wahlkampfes gestellt werden müssen! So aber kam es – als Folge unseriöser Wahlkampf- und Schlaraffenland-Versprechungen – nach den Wahlen zu Enttäuschungen und zur Abkühlung der Vereinigungsfreude auf beiden Seiten. Hier ist auf dem klassischen Feld demokratischer Vertrauensbildung Entscheidendes versäumt worden. Vieles wurde erst gar nicht bedacht, anderes überheblich übergangen. Ohnehin korrekturbedürftige Fehlentwicklungen und Kreislaufstörungen in unserer westdeutschen Demokratie wurden einfach auf »Gesamtdeutsch« fortgeschrieben und haben sich nun verstärkt.

Wo und wie wird das enden?

In der Lethargie der 50er Jahre, im Aufbegehren der 60er Jahre, im weiteren Raubbau an unserer im letzten Jahrzehnt ohnehin schon beschädigten politischen Kultur?

Solche bedrohlichen Entwicklungen müssen unbedingt vermieden werden und können es hoffentlich noch. Deshalb nachfolgendes Plädoyer wider westdeutsche Selbstgerechtigkeit und Überheblichkeit – und für einen gemeinsamen Neuanfang.

IV. Plädoyer wider die Selbstgerechtigkeit und für einen gemeinsamen Neuanfang

»Ich weiß nicht, ob es besser werden wird, wenn es anders werden wird; aber soviel ist gewiß, daß es anders werden muß, wenn es gut werden soll.«
Georg Christoph Lichtenberg

Nur knapp vier Monate sind vergangen, seit ich begonnen habe, *meine* Geschichte der Bundesrepublik als DENKschrift wider westdeutsche Selbstgerechtigkeit aufzuschreiben. Seither haben sich in der Sowjetunion historische Veränderungen vollzogen, die die innerdeutschen Probleme zeitweise auf den zweiten Rang verwiesen haben. Dennoch sind diese nicht geringer geworden. Die Besorgnisse über die Folgen westlicher Selbstgerechtigkeit und mangelnder Sensibilität im Umgang mit OSSI-Problemen sind eher gewachsen, und sie werden anläßlich aktueller Ereignisse, wie beispielsweise dem Eklat zwischen der CDU-West und der früheren Blockpartei CDU-Ost, neuerdings von der Presse aufgenommen und thematisiert.

Dieser Eklat ist kein Zufall, sondern symptomatisch für die aufgebrochene Malaise in- und außerhalb von Parteien, zwischen WESSIS und OSSIS. Dabei sind wechselseitige Schuldzuweisungen an der Tagesordnung, diese helfen aber nicht weiter, sondern hinterlassen nur einen bitteren Nachgeschmack.

Zwar ist es erfreulich, daß sich die wirtschaftlichen Indikatoren in den neuen Bundesländern im September erstmals nicht neuerlich verschlechtert haben und damit erste Silberstreifen am fernen Horizont zu ahnen sind; dies aber ändert an der momentan grassierenden Malaise rein gar nichts.

Deshalb halte ich es für eine folgenschwere Fehleinschätzung, wenn die Bonner Verantwortlichen das wachsende Unbehagen unterschätzen, ignorieren oder hoffen, daß es sich von selbst in gegenseitigem Wohlgefallen auflösen wird. Das ist nicht zu erwarten, und deshalb ist es einfach falsch, vielleicht sogar gefährlich, sich ausschließlich auf den *wirtschaftlichen* »Aufschwung Ost« zu fixieren und jedes noch so minimale Anzeichen einer Besserung in der Öffentlichkeitsarbeit zum beginnenden Wirtschaftswunder hochzujubeln, um von den eigentlichen Problemen des »inneren Aufschwungs« abzulenken. Damit täuschen die Meinungsmacher die Öffentlichkeit und sich selber.

Denn in den innerdeutschen Befindlichkeiten haben sich während der letzten Monate – als Folge von nicht-eingehaltenen Versprechen, bürokratischen Unzulänglichkeiten, überheblicher Ungeduld und total überstürzter Verwestlichung – kräftige atmosphärische Störungen zusammengeballt, die sich nach und nach in Enttäuschung, Aggressionen, Demonstrationen und Radikalisierungstendenzen entladen. Hinzu kommen weitere Ärgernisse, die die Fronten verhärten. Zum Beispiel:

- die Verspätung bei der rechtzeitigen Klärung von belastenden STASI- und SED-Vergangenheiten vor allem innerhalb der ehemaligen Blockparteien CDU und FDP, und im Gefolge die mehr oder weniger freiwilligen, in jedem Fall peinlichen Rücktritte von bis dahin hochgelobten und bereits wieder zu Ehren gekommenen OSSI-Politikern;
- die weiterbestehenden oder sich neu formierenden »Seilschaften« einerseits und die unsensiblen »Abwicklungs«-prozeduren andrerseits;
- eine Rechtsprechung, die Hauptakteure und Verantwortliche des SED-Regimes letztlich nicht belangen kann oder wie im hochnotpeinlichen Fall Schalck-Golodkowski gar nicht erst belangt;
- nicht zu unterschätzen sind für viele ehemalige DDR-Deutsche – und nicht nur für diese – die krassen negativen Folgen der Freiheit wie etwa die in den neuen Bundeslän-

dern rapid wachsende Kriminalität, Drogenkonsum, Rowdytum im Straßenverkehr und im rücksichtslosen Umgang mit Schwächeren, wirtschaftliches Gangstertum und brutaler Ausländerhaß.

Ist es ein Wunder, daß all das zusammengenommen den inneren Aufschwung vergiftet und lähmt, zu Verwerfungen und Resignation führt und in grassierender Demokratie- und Parteienverdrossenheit endet?

Andrerseits sind die politischen Kräfte, die für die friedliche Revolution standen und für die eigenständige Aufarbeitung und Erneuerung aus eigener Kraft stehen, längst an den Rand gedrängt worden. Im Bundestag werden sie verletzend als »quantité négligeable« behandelt und vom Kanzler abgekanzelt und denunziert, wie sie es früher auch nicht viel anders gewohnt waren. Sie haben ihre Schuldigkeit getan, nun wird ihre moralische Integrität für die Bonner Macher ausgesprochen lästig. Im Umgang mit Anti-Nazis und Widerstandskämpfern war es ja nach 1945 ja auch nicht viel anders.

*

Angesichts solcher Realitäten muß ich mich fragen, ob es überhaupt einen Sinn hat, all dem entgegenzutreten, Abhilfe zu fordern und hierfür Vorschläge zu machen. Dennoch möchte ich es versuchen und zunächst zusammenfassen, was mir für das Zusammenwachsen und die innere Einheit als *not-wendig* im eigentlichen Wortsinn, als wünschenswert, ja unabdingbar erscheint: Zuerst und vor allem geht es mir um die Einsicht, daß sich unser gesamtdeutsches Gemeinwesen nicht einfach als eine vergrößerte und erweiterte Bundesrepublik verstehen kann und darf. Darauf, daß diese Einsicht unverzichtbar ist, hat zum Beispiel Bundespräsident Richard von Weizsäcker immer wieder hingewiesen. Vielleicht tut er es zu behutsam, um Bonner Selbstgerechtigkeit zu erschüttern. Sein berechtigtes Anliegen aber muß endlich begriffen und in politisches Denken und Handeln umgesetzt werden. Hierzu einige provozierende Thesen.

1. Selbstgefälligkeit und Selbstgerechtigkeit sind immer abträglich. Im deutsch-deutschen Verhältnis aber sind sie vollends unerträglich. Wir Westdeutschen sind nicht besser als die Ostdeutschen, sondern wir haben nach 1945 unverdient mehr Glück gehabt. Das schlimme Erbe der SED-Diktatur ist kein Grund für westdeutsche Selbstgerechtigkeit.
   Wenn wir unseren »Schwestern und Brüdern« mit schulmeisterlicher Besserwisserei begegnen, dann fühlen sie sich zu Recht bevormundet. Mittlerweile haben ja auch sie entdeckt, daß keineswegs alles schieres demokratisches Gold ist, was da durch die Mauer glänzte. Zudem häufen sich Ungereimtheiten und Widersprüche im westdeutschen Umgang mit STASI- und SED-Verstrickungen.
2. Die teils gönnerhafte, teils überhebliche Art, mit der wir unsere finanzielle, organisatorische und technische Überlegenheit ausspielen, muß bei unseren ostdeutschen Landsleuten nicht nur das Gefühl erwecken, die armen und unbedarften Verwandten zu sein, sondern auch den Komplex nähren, wiederum fremdbestimmt zu werden.
3. Dieser Komplex wiederum verhindert die selbstbestimmte Auseinandersetzung mit den (positiven und negativen) Segnungen unserer westdeutschen Demokratie, er zwingt zur Nachahmung und Anpassung, verhindert gesellschaftliche Eigeninitiative und Eigenständigkeit. Und vor allem verhindert er die Auseinandersetzung mit der eigenen Vergangenheit, die aus eigener Kraft und Einsicht geführt werden muß. Zu dieser Auseinandersetzung dürfen wir allenfalls ermutigen. Im Sinne der Bergpredigt sollten wir keinesfalls »richten«. (Denn auch wir wollten ja vergessen, verdrängen und vorzeitig Schlußstriche ziehen. Auch bei uns wurden Nazi-Verbrechen zu spät und zu lax verfolgt, und der Prozeß der Selbstreinigung brauchte viele mühsame Anläufe (vgl. III.1.–2.)
4. Westdeutsche Selbstgerechtigkeit erzeugt bei unseren neuen Mitbürgern zusehends Abwehrreaktionen. Das Aufmucken aus der Ost-CDU war dafür nur ein erstes Rauchzeichen. Noch schlucken die meisten OSSIS ihren wachsenden Ärger herunter – man will ja nicht undankbar sein. Aber man will

und kann nicht länger alles gutheißen, was da mit WESSIS scheinbarer Wunderwelt seinen Einzug gehalten hat.

5. Die Art und der Druck, mit denen unsere westlichen Strukturen den neuen Bundesländern übergestülpt werden, bergen – und das nun für ganz Deutschland – zwei, möglicherweise drei, Gefahren in sich:
   - Die im Osten verbreitete Tendenz zur »Obrigkeits-Demokratie« nimmt zu, schwappt in den Westen zurück und stärkt neuerlich Regierung und Exekutive und schwächt Volksvertretung und Bürgerstaat.
   - Damit gehen dem vereinten Deutschland demokratische Impulse verloren. Staat, Regierungen und Parteien werden gestärkt, der notwendige Elan einer demokratischen »Bürgergesellschaft« (»civil society«) wird geschwächt und anrüchig, wie dies an den erlahmenden Bemühungen für eine gemeinsame deutsche Verfassung bereits abzulesen ist. Die Verfassungsdiskussion wird zu einer »Spielwiese« der »Linken«, statt zum »runden Tisch« für alle demokratischen Kräfte.
   - Der Prozeß der Aufarbeitung und Selbstreinigung wird – ähnlich wie bei der Entnazifizierung der 50er Jahre – den Gerichten zugeschoben oder zu einer formal bürokratischen Prozedur verkürzt, was – wie wir erfahren haben – zur »Unfähigkeit zu trauern« und zur »Wiederkehr des Verdrängten« führt. Auch in dieser Hinsicht dienten die ersten freien Wahlen am 18. März 1990 – ebenso wie die Bundestagswahlen im Dezember 1990 – nicht der Besinnung und Orientierung, sondern der Manipulation. Alle Mittel an Verspreechungen und Schönmalerei wurden eingesetzt. Das rächt sich nun besonders bitter, führt zu wachsender Politikverdrossenheit, zu Enttäuschung und Radikalisierung. Das Gefeilsche hinter den Kulissen um die beträchtlichen Parteivermögen der Blockparteien trägt ein weiteres dazu bei.

*

Soweit meine Thesen. Was aber läßt sich ändern? Anläßlich eines Aufenthaltes in Prag im September 1991 ist mir aufgefallen, wie unvergleichlich viel langsamer, dafür aber wohl heilsamer sich der Übergang von der kommunistischen Diktatur zu einem freiheitlichen Gemeinwesen vollzieht, wenn er aus eigener Kraft gewollt und durchgestanden wird. Damit ist dann sehr viel mehr gemeint als nur die Umstellung des Wirtschaftssystems. Diese Prozesse dauern dann allerdings länger, verlaufen viel bescheidener, dafür aber selbstbestimmt und gewissenhaft. Zu guter Letzt wirken die Menschen *be-freiter*.

Wir können das Rad der Entwicklung nicht zurückdrehen, aber wir könnten und sollten fähig sein zur Einsicht und Korrektur. »Daß es anders werden muß, wenn es gut werden soll«, wie es Georg Christoph Lichtenberg vor 200 Jahren formuliert hat, das trifft auch für unsere heutige Situation zu. Für diese Einsicht – und zwar auf beiden Seiten – plädiere ich als Voraussetzung für einen neuen Anlauf. Keinesfalls dürfen wir die derzeitige Entwicklung einfach so weiterlaufen lassen. Der wirtschaftliche Aufschwung allein genügt nicht, und wenn er denn kommt, tilgt er nicht die Erblast unserer Vergangenheiten. Deshalb brauchen wir auch einen politischen, gesellschaftlichen, zwischenmenschlichen und moralischen Neuanfang. Dafür muß beiden Seiten Veränderungsbereitschaft abverlangt werden, und dafür müssen wir uns wechselseitig in die politische und moralische Pflicht nehmen. Erst dann und nur dann können die Folgen der über 40jährigen Teilung wirklich aufgearbeitet werden und kann damit ein gemeinsamer Neuanfang gelingen.

*

Für unsere eigene, gleichfalls erneuerungsbedürftige demokratische Ordnung sehe ich dafür drei vordringliche Ansatzpunkte, die sich aus unserer in dieser DENKschrift beschriebenen Geschichte und Entwicklung seit 1945 ergeben:

- Die Überwindung des *Glaubwürdigkeitsdefizits*, das zwischen Parteien und ihren führenden Politikern einerseits und dem Bürger andrerseits immer bedrohlicher zunimmt. Zumindest brauchen wir Anzeichen für einen ernsthaften Willen hierzu. Erster Schritt in diese Richtung wäre die strikte Begrenzung unserer machtkorrumpierten Parteiendemokratie auf den im Grundgesetz vorgesehenen Rahmen (vgl. III.5.) Das ist durch ein Paket von Maßnahmen, z. B. einschneidenden Korrekturen in Wahl- und Parteiengesetzen bei der Parteienfinanzierung, der Begrenzung von Ämterhäufung und Ämterpatronage... durchaus möglich.

- Der zutiefst *gestörte Kreislauf* zwischen demokratischen Beteiligungs- und Entscheidungsprozessen muß in ein neues Gleichgewicht gebracht werden. Die notwendige Teilung und Gewichtung der Gewalten im demokratischen Staat muß wiederhergestellt, Kontroll- und Initiativfunktionen der Volksvertretung müssen gestärkt werden.
- Über die notwendigen Entwicklungen unserer künftigen *geschriebenen und gelebten Verfassung* muß nachgedacht werden. Und zwar nicht nur hinter verschlossenen Türen in exklusiven Expertengremien, sondern unter Beteiligung aller gesellschaftlichen Kräfte und unter Einbeziehung von Überlegungen und Vorschlägen, die ja bereits vorliegen. Dabei ist auch die Verfassungswirklichkeit zu überprüfen, der Gebrauch, Nichtgebrauch oder auch Mißbrauch von Verfassungsbestimmungen (vgl. III.6.).

Erneuerung setzt Nachdenken über die Zukunft unserer Demokratie voraus, und dabei kann Bürgerbewußtsein und -mitverantwortung nur wachsen. Deshalb muß am Ende über den Verfassungsentwurf (oder vielleicht sogar über Entwürfe) durch das Volk als den eigentlichen Souverän abgestimmt werden.

*

Wenn es uns gelingen soll, mit den aufgestauten Problemen, mit alten und neuen Beschädigungen, mit Verdrängen und Versagen besser fertig zu werden als bisher, dann drängt die

Zeit. Mit guten Vorsätzen allein ist es nicht getan. Was wir dringend brauchen, sind Initiativen mit Vernunft und Augenmaß über Partei- und OSSI/WESSI-Grenzen hinweg.

Bei all dem könnten wir weit besser zurechtkommen, wenn wir WESSIS *erstens* weniger überheblich hinsichtlich unserer eigenen Mitgift, *zweitens* weniger selbstgerecht hinsichtlich unserer eigenen Vergangenheit und *drittens* weniger ungeduldig im Prozeß der Anpassung und des Aufeinanderzubewegens wären. Für alle drei Tugenden möchte ich eindringlich plädieren.

Wagen wir, was wir anläßlich der (notwendigerweise) überstürzten Vereinigung nicht geschafft haben: einen gemeinsamen neuen Anfang!

Literaturverzeichnis

Hans Apel: »Die deformierte Demokratie – Parteienherrschaft in Deutschland«, Deutsche Verlagsanstalt, Stuttgart 1991

Hans Herbert von Arnim: »Die Partei, der Abgeordnete und das Geld«, v. Hase & Koehler Verlag, Mainz/München 1991

Thea Bauriedl: »Die Wiederkehr des Verdrängten«, Piper Verlag, München 1985

Wolfgang Benz: »Die Gründung der Bundesrepubklik«, Deutscher Taschenbuch Verlag, München 1984

Ralf Dahrendorf: »Gesellschaft und Demokratie in Deutschland«, Piper Verlag, München 1965

Ralf Dahrendorf (Hrsg.): »Theodor Heuss – Politiker und Publizist«, Rainer Wunderlich Verlag, Tübingen 1984

Horst Ferdinand (Hrsg.): »Beginn in Bonn – Erinnerungen an den ersten Deutschen Bundestag«, Herder Verlag, Freiburg 1985

Marianne Feuersenger: »Die garantierte Gleichberechtigung«, Herder Bücherei, Freiburg 1980

Eckhard Fuhr: »Geschichte der Deutschen 1949–1990«, Insel Verlag, Frankfurt/M. 1990

Hermann Glaser: »Kulturgeschichte der Bundesrepublik Deutschland 1945 bis 1948«, Hansa Verlag, Husum 1985

Hildegard Hamm-Brücher: »Aufbruch ins Jahr 2000«, Rowohlt-Taschenbuch Verlag, Reinbek 1965

Hildegard Hamm-Brücher: »Gegen Unfreiheit in der demokratischen Gesellschaft«, Piper Verlag, München 1967

Hildegard Hamm-Brücher: »Schule zwischen Establishment und APO«, Schroedel Verlag, Hannover 1969

Hildegard Hamm-Brücher: »Über das Wagnis von Demokratie und Erziehung«, Diesterweg Verlag, Frankfurt/M. 1970

Hildegard Hamm-Brücher: »Der Politiker und sein Gewissen«, Piper Verlag, München 1983
Hildegard Hamm-Brücher: »Kämpfen für eine demokratische Kultur«, Piper Verlag, München 1986
Hildegard Hamm-Brücher: »Der freie Volksvertreter – eine Legende?«, Piper Verlag, München 1989
Theodor Heuss: »Aufzeichnung 1945–1947«, Rainer Wunderlich Verlag, Tübingen 1965
Theodor Heuss: »Die großen Reden«, Rainer Wunderlich Verlag, Tübingen 1965
Theodor-Heuss-Stiftung (Hrsg.): »Vom rechten Gebrauch der Freiheit – Festschrift zum 10jährigen Jubiläum der Stiftung«, 1974
Karl Jaspers: »Hoffnung und Sorge«, Piper Verlag, München 1965
Karl Jaspers: »Wohin treibt die Bundesrepublik?«, Piper Verlag, München 1965
Gerd Kalow (Hrsg.): »Sind wir noch das Volk der Dichter und Denker?« Rowohlt-Taschenbuch Verlag, Reinbek 1964
Christian von Krockow: »Die Stunde der Frauen«, Deutsche Verlagsanstalt, Stuttgart 1988
Alexander Mitscherlich: »Auf dem Weg zur vaterlosen Gesellschaft«, Piper Verlag, München 1970
Alexander und Margarete Mitscherlich: »Über die Unfähigkeit zu trauern«, Piper Verlag, München 1967
Erich Peter Neumann, Elisabeth Noelle: »Antworten – Politiker im Kraftfeld der öffentlichen Meinung«, Allensbach 1954
Elisabeth Noelle-Neumann: »Umfragen 1947 bis 1949 – Allensbacher Jahrbuch der Demoskopie«, Wien/Zürich/München 1949
Georg Picht: »Die Deutsche Bildungskatastrophe«, Walter Verlag, Olten/Freiburg 1965
Georg Picht: »Die Verantwortung des Geistes«, Walter Verlag, Olten/Freiburg 1965
Friedrich Schorlemmer: in Zeitschrift »Konstruktiv«, Berlin, Juli 1991
Gerty Spies: »Im Staube gefunden?«, Kaiser Verlag, München 1987

Personenverzeichnis

Adenauer, Konrad (1876–1967), Politiker (CDU), erster Bundeskanzler der Bundesrepublik Deutschland (1949–63), Parteivorsitzender (1950–66)
Adorno, Theodor W. (1903–1969), Philosoph und Soziologe
Andersch, Alfred (1914–1980), Schriftsteller und Journalist
Anouilh, Jean, (1910–1987), französ. Schriftsteller und Dramatiker
Arnim, Hans Herbert von, *1939, Verwaltungswissenschaftler

Bahr, Egon, *1922, Politiker (SPD), ehem. MdB, Unterhändler bei den Verhandlungen der Ostverträge
Barzel, Rainer, *1924, Politiker (CDU), Bundestagspräsident (1983–84), BMin. für gesamtdeutsche Fragen (1964–70), MdB (1957–87), Parteivorsitzender (1971–73)
Baudissin, Wolf Stefan Graf, *1907, Generalleutnant a. D., Friedensforscher
Bauer, Fritz (1903–1968), Jurist, Generalstaatsanwalt, Hessen
Blank, Theodor (1905–1972), Politiker (CDU) erster Verteidigungsminister der Bundesrepublik Deutschland (1955–56), MdB (1949–72)
Boenisch, Peter, *1927, Regierungssprecher (1983–85), Journalist
Bonhoeffer, Emmi, Witwe von Klaus Bonhoeffer, dem Bruder des evang. Theologen Dietrich Bonhoeffer (1906–1945). Beide Brüder wurden von den Nazis ermordet.
Borchert, Wolfgang (1921–1947), Schriftsteller
Brandt, Willy, *1913, Politiker (SPD), Bundeskanzler (1969–74), Schöpfer und Unterzeichner der Ostverträge, Parteivorsitzender (1964–87), MdB seit 1949 (mit Unterbrechungen)
Brecht, Bertolt (1898–1956), Schriftsteller

Camus, Albert (1913–1960), Schriftsteller und Philosoph
Churchill, Sir Winston (1874–1965), brit. Politiker, Schriftsteller, Premierminister (1940–45 und 1951–55)

Claudel, Paul (1866–1955), franz. Diplomat und Schriftsteller
Cube, Walter von (1906–1984), Publizist und Journalist

Dahrendorf, Sir Ralf, *1929, Sozialwissenschaftler und Politiker (FDP), MdB (1969–70), Professor in Oxford
Dehler, Thomas (1897–1967), Politiker (FDP), Mitglied des Parlamentarischen Rates (1948/49), BMin. der Justiz (1949–53), MdB(1949–67), Parteivorsitzender (1954–57)
Dönhoff, Marion Gräfin, *1909, Publizistin, Journalistin und Mitherausgeberin »DIE ZEIT«
Dörner, Klaus, *1933, Professor der Psychiatrie
Dregger, Alfred, *1920, Politiker (CDU), Oppositionsführer in Hessen (1966–72), MdB seit 1972, Vorsitzender der CDU/CSU-Bundestagsfraktion (1982–91)

Egk, Werner (1901–1983), Komponist
Eppelmann, Rainer, *1943, Pfarrer und Politiker (CDU), MdB
Erhard, Ludwig (1897–1977), Politiker (CDU), Bundeskanzler (1963–66) und BMin. für Wirtschaft (1949–63)

Fechner, Eberhard, *1926, Film- und Fernsehregisseur
Finck, Werner (1902–1978), Schriftsteller und Kabarettist
Friedrich, Heinz, *1922, Schriftsteller, Journalist und Verleger
Funcke, Lieselotte, *1918, Politikerin (FDP), Beauftragte der Bundesregierung für Ausländerfragen (1981–91)

Genscher, Hans-Dietrich, *1927, Politiker (FDP), Parteivorsitzender (1974–85), BMin. des Auswärtigen seit 1974
Gerstenmaier, Eugen (1906–1986), Politiker (CDU), Bundestagspräsident (1956–69)
Giordano, Ralph, *1923, Schriftsteller und Journalist
Giraudoux, Jean (1882–1944), franz. Schriftsteller
Globke, Hans (1898–1973), Jurist, Kommentator der Nürnberger NS-Rassengesetze 1935, Kanzleramtsminister unter Adenauer (1953–63)
Goebbels, Joseph (1897–1945) Politiker, nationalsoz. Propagandaminister (1939–45)
Gorbatschow, Michail, *1931, sowjet. Politiker, ehem. Chef der KPdSU, Präsident der UdSSR
Greve, Otto Heinrich (1908–1968), Politiker (SPD), MdB (1949–61)
Guevara, Ernesto ›Che‹ (1928–1967), südamerikanischer Revolutionär
Ben Gurion, David (1886–1973), israel. Minister-

präsident und Verteidigungsminister (1948–53 und 1955–63), Gründer des Staates Israel 1948

Habe, Hans (1911–1977), Schriftsteller und Publizist

Haushofer, Albrecht (1903–1945), Geowissenschaftler und Schriftsteller, von den Nazis ermordet

Heinemann, Gustav (1899–1976), Politiker (u. a. SPD), Bundespräsident der Bundesrepublik Deutschland (1969–74), BMin. des Inneren (1949/50), Justizmin. (1966–69)

Heisenberg, Werner (1901–1976), Physiker, Nobelpreis 1933

Hennis, Wilhelm, *1923, Politikwissenschaftler und Staatsrechtslehrer

Heuss, Theodor (1884–1963), Politiker (FDP), Schriftsteller und Publizist, erster Bundespräsident der Bundesrepublik Deutschland (1949–59), erster Parteivorsitzender der FDP (1948/49), MdReichstag (1924–28 und 1930–33)

Heuss-Knapp, Elly (1881–1952), Frau von Theodor Heuss, Schriftstellerin und Pädagogin, Gründerin des Müttergenesungswerks

Hoegner, Wilhelm (1887–1980), Jurist, Politiker (SPD), erster bayerischer Ministerpräsident (1945–46 und 1954–57)

Hundhammer, Alois (1900–1974), Politiker (CSU), bayerischer Kultusminister (1946–50)

Jäckel, Eberhard, *1929, Historiker

Jaspers, Karl (1883–1969), Philosoph, Psychiater und Schriftsteller

Jean Paul (1763–1825), Schriftsteller

Kästner, Erich (1899–1974), Schriftsteller und Kinderbuchautor

Kaiser, Joachim, *1928, Theater- und Literaturkritiker, Schriftsteller

Kiesinger, Kurt Georg (1904–1988) Politiker (CDU), Bundeskanzler (1966–69), Mitglied der NSDAP (1933–45)

Klee, Ernst, *1942, Publizist

Knoeringen, Waldemar von (1906–1971), Politiker (SPD), nach Rückkehr aus Emigration 1946 Landesvorsitzender der bayerischen SPD

Kohl, Helmut, *1930, Politiker (CDU), Bundeskanzler seit 1982, Bundesvorsitzender der CDU seit 1973

Krockow, Christian von, *1927, Poltikwissenschaftler, Schriftsteller und Publizist

Landsman, Claude, poln.-franz. Regisseur

Lembke, Robert (1913–1989),

Fernseh- und Zeitungsjournalist
Lepmann, Jella (1891–1970), Schriftstellerin und Journalistin, Gründerin der internationalen Jugendbibliothek in München
Leuwerik, Ruth, *1926, Schauspielerin
Lichtenberg, Georg Christoph (1743–1799), Physiker, Philosoph, Schriftsteller der Aufklärung
Lösche, Peter, *1939, Politikwissenschaftler
Lübke, Heinrich (1894–1972), Politiker (CDU), Bundespräsident der Bundesrepublik Deutschland (1959–69)
Lüders, Marie-Elisabeth (1878–1966), Juristin, Politikerin (FDP), MdReichstag (1920–21 und 1924–30), MdB (1953–61), Vorkämpferin der Gleichberechtigung
Luft, Friedrich J. (1911–1991), Schriftsteller und Kritiker

Maier, Reinold (1889–1971), Politiker (FDP), erster Ministerpräsident von Baden-Württemberg (1945–53), MdB (1953–59), Parteivorsitzender (1957–60)
Maizière, Lothar de, *1940, Rechtsanwalt und Politiker (CDU), Ministerpräsident der DDR (Apr.–Okt. 1990), MdB, erster stellv. Vorsitzender der CDU, legte im Sept. 1991 alle politischen Ämter nieder
Mann, Thomas (1875–1955), Schriftsteller
Marcuse, Herbert (1898–1979), amerikan. Sozialphilosoph, Vertreter der Kritischen Theorie
Maunz, Theodor, *1901, Staatsrechtler und Politiker (CSU), bayerischer Kultusminister (1957–64)
Mende, Erich, *1916, Politiker (FDP), Parteivorsitzender (1960–68), BMin. für gesamtdeutsche Fragen (1963–66) MdB (1949–80), 1970 Wechsel zur CDU
Mitscherlich Alexander, (1908–1982), Psychoanalytiker und Schriftsteller
Mitscherlich, Magarete, *1917, Frau von Alexander M., Psychoanalytikerin und Schriftstellerin
Montesquieu, Charles de (1689–1755), franz. Schriftsteller und Philosoph, seine Lehre von der Gewaltenteilung ist Grundlage der amerik. und aller westeurop. Demokratien geworden
Mühlen, Irmgard von zur, Journalistin und Autorin mehrerer Dokumentarfilme

Naumann, Werner (1909–1982), Staatssekretär unter Goebbels im NS-Propagandaministerium
Noelle-Neumann, Elisabeth,

*1916, Meinungsforscherin, Gründerin und Leiterin des Instituts für Demoskopie Allensbach

Ohnesorg, Benno, Berliner Student, der bei den Demonstrationen 1967 erschossen wurde

Picht, Georg (1913–1982), Pädagoge und Philosoph, Begründer der Bildungsreform

Raiser, Ludwig (1904–1980), Staatsrechtler

Remer, Otto, *1912, Kommandeur des Wachbataillons Großdeutschland in Berlin, schlug dort den Aufstand am 20. Juli 1944 nieder, gründete nach 1949 die SRP

Reuter, Ernst (1889–1953), Politiker (SPD), erster Regierender Bürgermeister von Berlin-West (1947–53)

Rolland, Romain (1866–1944) franz. Romanschriftsteller und Dramatiker

Rosh, Lea, *1936, Journalistin und Publizistin des NDR-Hannover

Sartre, Jean-Paul (1905–1980), franz. Philosoph und Schriftsteller

Schalck-Golodkowski, Alexander, *1932, Wirtschaftsfachmann der DDR

Scharnagl, Karl (1881–1963), Oberbürgermeister von München (bis 1933 und 1945–49)

Scheffler, Erna (1893–1983), Juristin, als erste Frau Richterin am Bundesverfassungsgericht (1951–63)

Schelsky, Helmut, *1912, Soziologe und Schriftsteller

Schlüter, *1921, Verleger im Dritten Reich, nach 1945 DP, dann FDP, Kultusminister in Niedersachsen 1955 für wenige Tage

Schmid, Carlo (1896–1979), Politiker (SPD), Staatsrechtler, Mitglied des parlamentarischen Rates (1948/49), Justizminister in Württemberg-Baden (1947–50) und MdB (1949–72)

Schmidt, Helmut, *1918, Politiker (SPD), Bundeskanzler (1974–82), MdB(1983–62 und 1965–87), Verleger und Mitherausgeber »DIE ZEIT«

Schneider, Reinhold (1903–1958), Schriftsteller

Schorlemmer, Friedrich, *1944, Pfarrer, führend in der Bürgerrechtsbewegung der DDR, heute Fraktionsvors. der SPD im Stadtparlament von Wittenberg

Schröder, Louise (1887–1957), Politikerin (SPD), amtierende Bürgermeisterin von Berlin (1947/48), MdB (1949–57)

Schütte, Ernst (1904–1972), Politiker (SPD), hessischer Kultusminister (1959–69)

Schumacher, Kurt (1895–1952), Politiker (SPD), Jurist, nach jahrelanger KZ-Haft Neu-

gründung der SPD, Parteivorsitzender (1949–52), MdB und Fraktionsvorsitzender (1949–52)
Schwammberger, Joseph, *1912, SS-Oberscharführer, KZ-Leiter, muß sich derzeit wegen Nazi-Verbrechen vor Gericht verantworten
Schwarzhaupt, Elisabeth (1901–1986), Politikerin (CDU), MdB (1953–69), als erste Frau BMin. für Gesundheitswesen (1961–66)
Selbert, Elisabeth (1896–1986), Politikerin (SPD), Rechtsanwältin, Mitglied des Parlamentarischen Rates 1948/49
Sontheimer, Kurt, *1928, Politikwissenschaftler
Spies, Gerty, *1897, jüdische Schriftstellerin
Storch, Karin, Korrespondentin beim ZDF
Strauß, Franz Josef (1915–1988), Politiker (CSU), MdB, BMin. der Verteidigung (1956–62), bayerischer Ministerpräsident (1978–88)
Teusch, Christine (1888–1968) Politikerin (CDU), erste Kulturministerin von NRW (1947–54)

Wallenberg, Hans (1907–1977), Journalist, Chefredakteur der »Neuen Zeitung« (1946–49)
Weizsäcker, Richard von, *1920, MdB (1969–81), Regierender Bürgermeister von Berlin (1981–83), Bundespräsident seit 1984
Wieland, Heinrich (1877–1957), Chemiker, Nobelpreis 1927
Wilder, Thornton (1897–1975), amerik. Schriftsteller
Wuermeling, Franz-Josef (1900–1986), Politiker (CDU), MdB, BMin. für Familien- und Jugendfragen (1953–62)

Zinn, Georg-August (1901–1976), Jurist und Politiker (SPD), hessischer Ministerpräsident von (1950–69)

Hildegard Hamm-Brücher

Der freie Volksvertreter – eine Legende?

Erfahrungen mit parlamentarischer Macht und Ohnmacht.
Unter Mitarbeit von Marion Mayer. 361 Seiten. Serie Piper 1031

Seit vielen Jahren kämpft die streitbare Politikerin Hildegard Hamm-Brücher um eine Reform des Deutschen Bundestags. Dieses Buch – ursprünglich geplant als Bericht über die sich verschlechternde Verfassung unserer parlamentarischen Demokratie – hat durch die politischen Ereignisse des Herbstes 1989 zusätzliche Aktualität erhalten. Die Autorin warnt nachdrücklich davor, auf dem Weg zur deutschen Einheit die Schwächen, Erstarrungen und Glaubwürdigkeitsdefizite unseres Systems unbesehen auf einen gesamtdeutschen Staat zu übertragen. Sie fordert eine kritische Bestandsaufnahme und bietet mit diesem Buch eine Fülle von Material an.

Gerechtigkeit erhöht ein Volk

Theodor Heuss und die deutsche Demokratie.
127 Seiten mit 17 Abbildungen auf Tafeln.
Serie Piper 346

Kämpfen für eine demokratische Kultur

Texte aus vier Jahrhunderten. Vorwort von Helmut Schmidt.
310 Seiten. Serie Piper 624

Der Politiker und sein Gewissen

Eine Streitschrift für mehr parlamentarische Demokratie.
Erweiterte Neuausgabe. 174 Seiten. Serie Piper 437